精油摸香
讀懂你的心 /2

推薦序1

　　很榮幸有機會為大家推薦這本生動、有趣的《精油摸香》，婉約輕盈的文字顯然是女作家駕輕就熟的寫作風格，讓我這個對精油不甚瞭解的大男人也不由自主地跌入了精油芳香溫婉的世界。

　　古今中外最吸引我的書籍一直都是歷史和哲學，但是其間讓人無法忽視的是很多作家描述氣味的精彩文字，甚至在《聖經‧舊約》中的《雅歌》圍繞著香水和香膏，描繪出了一個香豔、濃郁的愛情故事；而在中國《離騷》中，詩人也有行于蘭皋，止於椒丘，茹蕙掩涕，幽蘭結佩；在我所讀到的文字中，埃及豔后以橄欖油維持皮膚柔軟與髮絲的光亮；印度傳統醫學阿育吠陀將芝麻油作為平衡身心的良藥，古希臘人會用吸滿太陽能的聖約翰草油來治療憂鬱症……種種關於芳香、氣味、精油的歷史和傳說讓人驚異、癡迷和沉醉。

　　曾有人說芳香是花朵的靈魂，但是精油是花朵、植物接受過日月星辰、雨水土壤的能量之後，轉化而成具有魔法特質的神秘精華。這本書讓我想起多年以前，我曾經去

羅浮宮欣賞達芬奇的名作《蒙娜麗莎》，被世界各地仰慕者層層包圍的畫像依舊是那麼神秘而夢幻，在人群中的我在想，有誰瞭解這背後的歷史和故事。五百年以前，蒙娜是對女性的尊稱，麗莎才是她真實的名字，作為一位古代貴族的後裔，從小不僅受到嚴格的教育，同時按照慣例，她還需要用玫瑰花沐浴，渾身塗抹精油，會不會是那悠然散發的精油氣味激發了偉大畫家的靈感和激情，才創作出此曠世之作。

我希望你也會和我一樣，放鬆心情，泡上一壺好茶，點起一支香薰蠟燭，在輕柔的香氣中來閱讀這本佳作，開始你的探香之旅！

美高教育集團董事長
方正

推薦序2

　　收到作者Grace邀約撰寫第二集精油摸香的序文時，我著實是感到訝異，一個每天和醫療科技打交道的人，向來以理性、專業、醫學為處理事情準則的人，如何替一知半解的香氣療癒說點話呢？不過最終我以「受寵若驚、量力而為」答應了。

　　那是一個偶然而驚喜的情景，我帶領一群健康行業的從業人在參觀一家著名的運動器材製造工廠後，在會議室中討論參觀心得，仿佛具有「磁性」的Grace突然出現在大家面前，她手中拿了一疊植物牌卡，講桌上還有一個裝著各類精油的袋子，就臨場開始了她神奇的療癒或著說是心裡咨詢！

　　她隨機從觀眾中請出願意嘗試的人來抽取植物牌卡，或是從袋中抽取植物精油，看了抽取的結果，她便能即刻道出所抽取的植物名稱及特性，並同時說出自願者的個性、與友人的關係、內斂或外向、溝通能力的缺陷、情緒掌控能力等，而自願者幾乎是全數點頭承認自己的性格並

且驚訝地說「好準啊！」，而我不得不在一旁感受到這真是一場「植物與人類神秘連結」的驗證。

之後數次與Grace遇見，總是發現她具有溫柔堅定的特質，這是她為何總是讓周遭的人相信她的咨詢，並被她的真誠感動。她所有的話語，都能緩緩道來各種植物的名稱與特性，以及相應對於芳香療法的功能及道理，更能舉例出對於家人及朋友的成功療效。

我很高興精油摸香第二集出版，Grace能夠一次又一次的分享她的「能力」。我認同精油的運用是集合了中醫學、心理學、植物學、復建學等知識，不在固有思維的科技框架中找尋答案的一種治病療癒方式。鼓勵大家看看這本書！

合富醫療集團董事長

王瓊芝

推薦序3｜聞香識女人！摸香見自己！

「美是來自良好的生活習慣」這是我一直跟大家分享的理念。氣味是我們日常生活中不可缺少的元素，它也可以讓我們很自然地展現美好的第一印象，這就是屬於我們獨有的氣味名片。

精油是什麼？是大自然的饋贈。如Grace書裡所言：探索你最深層的內心。進而與植物、與精油對話！世界萬物都有感知，只是用不同的方式及形態來表達。

在精油的世界裡，Grace用不同的方式摸著你的心，本書我更願意稱作它是讓一個內心溫柔強大的工具書，甚至是一個人面對難關時解鎖密碼的通關書。

使用精油近二十年了。我自己特別喜歡廣藿香、羅馬洋甘菊、玫瑰天竺葵，這三種混合出的香氣，讓人身心愉悅且入世不俗世。這本書我們看見精油不同的使用方式。用之行之，你會在精油世界裡看見不同的自己，由Grace帶領你摸香，進而摸到你的內在更深層的自己。這本書值得擁有！

兩岸知名整體形象設計師

謝麗君

作者簡介

謝淮芝（Grace）

英國IFPA高階芳療講師
美國NAHA芳療協會認證國際芳療講師／高階芳療師
國際心靈芳療NLP心靈療癒師
日本色彩情緒療癒師
中國中科院認證高級心理諮詢師／催眠師

擅長香氣與情緒的控管、人際關係與協調、中醫與芳療運用。活躍於各大國際精品品牌活動御用講師、運勢調香師、香氣療癒師。

經常受邀在海峽兩岸的課程演講、各大品牌企業活動中擔任專業講師。致力於專業芳療教育培訓，以及將香氣與不同型態產品結合，擅長利用氣味調香來調整情緒並直達人心，有調香小魔女的稱號。

Wechat中國導讀區　　FB：Grace的摸香世界

序｜隨著時代改變，精油植物也有不同的話要告訴你

2019-2023年感謝無數的機會，讓我帶著28張植物牌卡走了很多城市，累積了上千個案例，面對百百種人格特質，有驚喜也有失落。我常在想：

表面冷酷的人，內心的狂熱度是多少？

表現張揚跋扈的人，內心冰冷的程度又是多少？

像我這樣不冷不熱的性格，內心是冷還是熱？

好奇心會使人沉迷於不斷挖掘，感覺沒刨出個什麼道理就會不甘心。而答案到底是什麼？就促成了第二本摸香書的誕生。

🌿 探索你最深層的內心

第一本摸香書的內容淺顯易懂，重點放在了原始的生存力、對愛的渴望度、溝通的勇氣，以及對他人的關注、對自己的需求。在現實層面上將人的表面性格摸透，這是生活上必須面對的基本需求，我稱它為「簡單快樂版」

而第二本摸香書，注重的是在**內心層面**：我們最需要的，但不一定用錢能解決的生存模式；受過傷的情感修復

與需求，以及在溝通後「願意」調整所有的狀態。

在痛苦中生活確實不容易，經歷這些長久以來跨不過去的糾結，與找尋隱藏在內心深處莫名拉扯的過程中，學習到了什麼？其目地在於點醒我們需要正面看待並「**解決**」。透過這套牌卡的能量，協助您將夢想與現實之間的差距調整至平衡狀態。

調整舒適與平衡的新時代

第一本書出版的時候，宇宙的星象落在摩羯座，這是有關於現實的存在以及生存需求。在2023年的此刻，星象已經落入水瓶座，水瓶座的天馬行空與夢想，只要你敢正面的想像，宇宙就會幫你完成心願。所以它更傾向於內心如何去內化、強化自己，用自己的力量去影響他人，讓你的朋友圈、社交圈不再是由他人來左右你而存在。

這種放大自我的狀態，與現在90及00年世代後的讀者一樣，只要自己開心，不糾結於未來，當下是否舒適很重要。尤其當AI的世紀來臨，他們的內心將會產生很多的不確定性。過往只要肯付出勞動就會有報酬的情況，已經不再是他們的生存意義。而是在自己與他人都舒服的狀態下生活著，在面對現實的世界中，如何平衡自己所想要的。用創意想法，天馬行空地創造未來。

🍃 經過時間淬鍊的精油摸香進化版

原本第一本書中抽三張牌卡分別代表一個人的外在、內心、 意識，而在第二本則更新了牌卡的解讀張數，加上了第四張牌卡的環節，我稱它為「解決問題的最佳方法」。

這第四張牌，來自於紫微占卜裡「天、地、人、時」中的「時」卦，「時卦」又代表著現況最想調整的事件。好奇心重的我，跟著紫微老師實驗、再實驗，終於找到我想要的答案。當讀懂一個人後，他內心最在乎的事情，不外乎也就是他最想解決的問題了。

- 當氣味碰上嗅覺神經系統，喜歡與不喜歡某種氣味代表什麼？
- 每天的隱忍到達臨界點時，身體要讓我傳達的信息又是什麼？
- 這件事到底是yes還是no？好想知道呀～

植物牌卡就像讀不完的百科全書，可問的問題超乎想像。但前提是，我們得耐著性子一株一株的去讀懂他們，就能挖出你想要的答案喔！

想說的話實在太多，請溫柔地翻開這本書，用最熱情的心來解讀它，尋找你的答案。

Ps. 閱讀摸香書請從第一冊開始喔！
才不會被植物兜得團團轉，反而找不到你想要的答案。

Contents

 PART 1 介紹

PART 2 脈輪與摸香植物

PART *1*

介紹

1-1

植物與人類的神奇連結

很多人都問我：

為什麼看似與人類性格不相關的植物及氣味，

能這麼神準，預測出人們過去、現在、未來的方向？

植物與人類一樣的感知系統

我曾經看過一段關於植物剖析的紀錄片，科學家研究出植物有一套與動物一樣的感知系統。只是這樣的感知系統不會經過言語和行動，而是透過對光線的感受，不同頻率的音波反應，或被接觸後的變化（比如含羞草）以及被啃食後會發出某些氣味，通知大家敵軍已到達，請保護好自己。這些過程都是為了最純粹的「生存」。

植物與人類一樣，都有不同的性格

我們假設植物與人一樣都有性格，而這些性格跟出生地、養育方式、遺傳，及被攻擊的次數、有什麼樣的朋友、成長後最終對大環境的貢獻有關，從中不難找出植物性格。

而讓我覺得有趣的是，每個植物都有他交朋友的方式。比如：

❶ 充滿衝勁的種子、根莖類植物

它們會在地下進行秘密的交易，透過微生物的資訊傳遞，讓它們能慢悠悠的儲備能量，當日漸強大時就能一次擊破，後勁強大。這類植物有：胡荽籽、歐白芷根、生薑、黑胡椒、豆蔻、穗甘松。

❷ 清新有活力的葉片類植物

會利用延伸出去的末梢，就跟人類的四肢一樣，去吸收養分及傳遞情報。四肢代表行動化的溝通，觸碰能維持交流與親和力，保持信任取得優勢。這些植物有：迷迭香、尤加利、廣藿香、苦橙葉、薄荷、馬鬱蘭、月桂葉等。

❸ 熱情的花朵類植物

任務就是「綻放魅力」，自信滿滿，散發香氣搖曳生姿，一種與生俱來的天賦，就想吸引那些「會動」的獵人（風、蜜蜂、蝴蝶、鳥類等）來幫它們完成傳宗接代的任務。比如：茉莉、玫瑰、橙花、伊蘭、晚香玉等。

❹ 有點社恐的大樹類植物

在成長過程中，不擅長與他人建立友誼，它們從一出生就知道自己的身形是獨特也會是寂寞的，只有拼命的長大後擁有讓自己有保護他人的能力，這就是他存在於這浩瀚地球上的意義。所以質樸善良的它只專注在自己身上，沒

有過多的心思或環境去瞭解別人。不知道大家有沒有觀察過大樹類會與其他植物刻意保持一定的距離，就算在森林中，大樹末端延伸的枝葉也是以一種有禮貌而不打擾方式，與其它大樹並存卻不糾纏，是真真切切的高冷性格。比如：絲柏、側柏、花梨木、冷杉、檀香木、雪松、黑雲杉等。

　　世界萬物都有感知，只是用不同的方式及型態來表達。不同的植物種類對人類也有不同的啟發。

　　如果你身邊有大樹人格的朋友，請允許他們的不愛表達，行動永遠大過於言語。

　　如果你的孩子有葉片類人格，請允許他們展現另類想法，在成長過程中給他們多些空間，給足氧氣及陽光般的能量以及滿滿的擁抱。

　　如果你是一朵花，最該展現的就是魅力，不需要過度付出，追著定不下來的人，你只需要將自己保持在最佳狀態，比如外在、自信、學識，請相信我，那些會移動的獵人將對你愛不釋手。

看到這裡，是不是對植物與人類性格的連結，有了些想瞭解的興奮感？假設這些對植物的說法都是成立的，那麼就請接著往下看，我們一起來揭開植物如何用最簡單的心思，來解開人類潛意識的期待！

來自植物的真實故事

🌿 一直糾纏的昆士亞

眉心輪的植物總是最令我感到緊張，因為它們常會拉著你的手說：「**走！我們去看真相。**」也不知道為什麼，本來想寫的芳枸葉一直沒有頭緒，突然有一天我打翻了一瓶昆士亞，整個房間都是它的氣味久久散不去。那晚，我夢到了一段我不想面對的事，而且這事一直在我腦海裡來回折騰已經有半年了。

醒來後，我內心翻騰不已，感覺似乎找到了答案，只是我有點消化不良（原諒我不能詳述），不想去面對。就這樣，一株名字很特別，人格也很特別的植物，被我納入摸香後宮，成為28株裡的一員。

🌿 植物想告訴我們什麼？

我想，或許它的出現，是表示不只我需要它，也有很多人需要它來找答案。

在收集案例的日子裡，也不知道是不是它過於調皮，或想證明我們需要它。昆士亞老是出現，不是說我的個案「想太多」，就是反問個案說「你行動了嗎？你倒是開始

呀！」或者是「選擇困難了？煩躁了？」總覺得昆士亞就是沒心沒肺的一種人格特質，站著說話不腰疼。

經過無數次實驗，後來我發現被昆士亞點名的族群，通常都是用腦過度，善於思考的人，而且做事謹慎、細心，至於行動？以及昆士亞內心的九彎十八拐？嘿嘿，請打開有關於昆士亞的那一頁吧，我就不在這劇透了。

但請相信大自然神奇的力量，你的煩惱或經歷的一段故事，都會有一個植物來幫你透過身體、夢境、情緒，來剖析、拆解、翻譯，直到你願意一點點的接受它，也一點點的讓它過去。現在，我也很好奇屬於你的植物是什麼，而它讓你釋懷了什麼？或者放下了什麼？

摸香規則&工具

　　既然這是一本植物精油魔法書，就會有些摸香規則要遵守及注意。我會想出版這本書，除了許多學生的期待外，還有太多太多人驚訝於它的神奇，而我更想用最簡單的方式，幫助人與人之間的溝通，或找出每個人身體或心理所隱藏的問題！

摸香前的注意事項

　　在摸香過程中，切記！心要善、也要正，要以解決問題為主，不可以太玩樂式的八卦，或幸災樂禍的聊起他人的隱私，不然你的精油也會不想理你，讓你想測也測不到哦！

　　再重複一遍，切記！要遵守以下原則：**不八卦！也不八卦式的傳遞別人的隱私！**因為我們自身沒有魔法、神力，所以對於所有摸香的結果，我們只是中間一個傳媒及翻譯者而已。

　　許多人都有去過廟裡拜拜、求籤的經驗吧！當你求了一支籤、抽了籤條，就會有廟公或廟裡負責解籤的解籤師

幫你解釋籤文，而摸香的我們就是類似解籤者的這種身份。

摸香時要準備的工具

精油版摸香

1. 一個束口的小袋子（必須有點厚度，而且樣式是你自己喜愛的。）

2. 摸香時要使用的精油，每個脈輪至少要準備二支精油。如果是用2ml的小瓶子，至少每瓶要裝一半的精油。

牌卡版摸香

1. 本書所附的28張精油植物牌卡。

2. 乳香或檀香。

本書的植物解讀牌卡能量也很強。在開卡時，手上沾一滴乳香或檀香，雙手搓勻後，把手放在攤開的牌卡上，請牌卡與你連結，讓你能輕鬆的解讀就行了。

小提醒：精油成份一定要天然植物萃取的純精油，不能有任何化學成份或稀釋過的。假裝是精油或是純露都不行哦！

如何保養工具？

如果精油一天內被太多人測過，記得要讓它休息，不然再測時的準確度會降低。

精油保養法
可以把它們放冰箱裡冷藏2～6小時冷靜一下，或放在有陽光的地方靜置（不要直曬哦）。

牌卡保養法
將牌卡裝在避光的袋子中，再放在一個隱密的櫃子裡，讓它們獨處一下，好消化掉一些不好的磁場（如果有白水晶可放置在牌卡周圍，也能協助淨化）。

摸香的方法

精油版摸香的方法

1 （抓1支精油）單問一個事件的Q&A

│方法│

① 心裡先想著想要問的問題，例如：工作或感情、課業。

② 左手伸進袋子裡，心中想著：「請精油給我一個方向」，接著抓1支精油就好。

　　每支精油瓶都會有不同的解讀法。若該問題的答案涉及「是與否（YES or NO）」，與上面步驟是一樣的，謹記一個問題抽一支精油。答案在本書最後的附錄上。

※可突破代表「有努力的空間，行動了，結果就會不一樣」

Example 例子

★ **問事業：**抽到百里香、乳香、胡荽籽（象徵：前進的能量）

★ **問感情：**抽到橙花、玫瑰草（象徵：很需要被寵愛）

★ **問接下來6個月運勢：**抽到黑雲杉（厚積薄發不著急）、檀香木（淡淡的度過即可）、月桂葉（一路順暢，勝利在望）

2 （抓4支精油）測本人性格、最近的困擾，或隱藏在心裡的困惑

| 方法 |

① 請先什麼都不要想，用直覺的潛意識，將左手伸進袋子內攪拌一下精油瓶。

② 依順序抓出1、2、3、4支精油。分別代表以下：

1 外在
第一支
外表表現出來的，
想被看見的

2 內心
第二支
內心準備好的，或
想表達的

3 潛意識

第三支
內心深層的渴望，
及隱藏在心裡的期
待

4 解決方法

第四支
目前棘手的問題如
何解決

Example 例子

　　假設一個袋子裡有不同的精油28支，以乳香為例，在摸香後，可能會出現在第一支，或第二支，或第三支、第四支的位置，但絕不會同時出現二支乳香。所以當出現在不同位置時，請翻閱本書，尋找對應的解法。

★ **如果乳香是第一支【外在】**是有天賦才華及毅力的人，善良，擅於協助他人。對於靈性能量是有直覺力的。

★ **如果乳香是第二支【內心】**內心力量強大，戰鬥力十足。可以超乎想像的處理很多事。

★ **如果乳香是第三支【潛意識】**渴望能果斷的像超人般的能量，有智慧的去解除一切問題。

★ **如果乳香是第四支【解決方法】**找出有智慧且妥善處理的方式，不要心軟很重要。

牌卡版摸香的方法

1 （抽1張牌）問單一事件的Q&A

| 方法 |

① 洗牌時想著你要問的事情。

② 牌洗好後平舖在桌上，左手
放在牌上滑動，按直覺挑出
一張牌即可。解析方式同精
油版。

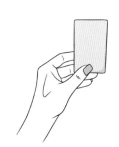

2 （抽4張牌）測本人性格、最近的困擾，或隱藏在心裡
的困惑

| 方法 |

① 先把牌卡洗一下，平舖在桌上。

② 把左手放在牌上，讓牌與你
心裡想要問的問題連結。

③ 將手從牌前滑到牌後，在過
程中一張一張依序抓出你要
的四張牌。解析方式同精油
版。

摸香時容易遇到的問題

當測不準時怎麼辦？

也許你會問：「會不會有測不準的時候呢？」。當然會，所以，**摸香前必須先和你的精油好好溝通，與它連結**。信任也很重要，要把精油當成朋友或家人般愛它，這樣一來，它一定會幫助你的。

另外，**同一個問題不要問兩次，請相信第一次的答案**。在摸香時，有的人除了測不到外，也可能是不想承認摸香的結果，尤其是自己解自己的摸香結果時。但也無傷大雅，就當它是一個遊戲，千萬別太認真去與人爭辯。因為我自己測時也常常自我耍賴、不肯承認測出的結果，非要別人來幫忙解香我才會屈服。所以，請記住這就是一個遊戲哦！

如何解自己的摸香結果？

・方式 ①：請一樣會解香的同伴幫你解香、翻譯。

・方式 ②：自己解。如果自己解完但不想承認摸香結果也沒關係，只要找到摸到的精油與對應脈輪的位置，擦了精油後再去睡覺，在夢中精油會幫你消耗掉一些不好的能量，最好能持續三天這麼做。

小提醒：如果真的怎麼測都不準，那只能再調整一下自己。相信你即將看到的結果喔！

關於書中的配方

請大家放心！這些配方的味道都不會太奇怪，畢竟我可是調運勢香氣的高手呢！我的配方基本上都是氣味愉悅、讓人開心或放鬆的。但要注意的是：**調香時，請保持心境的平和及穩定**，這很重要哦！

⊙**書上不寫「滴數」的原因：**因為氣味是一種很主觀的東西，每個人的嗅覺神經系統也並非都一樣的。我喜歡的味道不一定是你們所喜歡的，所以配方只是參考，為的就是告訴大家該植物的療癒功能。

⊙**321比例守則：**如果有興趣想試試我的配方，有一個很簡單的方法：即最愛香氣用「3」、還可以的用「2」、不喜歡的用「1」。基本上調出來的氣味都會蠻不錯的。

⊙**書中配方以薰香為主：**也可以做成油性香水（加荷荷巴油，比例1：10）。配好香後，可當香水擦，或找個漂亮的精油香水容器隨身攜帶。也可以加上乳液當成身體乳液來擦。不過，因為我不知道你們是使用什麼品牌的精油，最安全的方式，還是請先用植物油稀釋一下再擦哦！

摸香實作範例

摸香
題目　你在乎的人，需要你用什麼方式對他？

　　操作方式請參照上述牌卡版「問單一個事件的Q&A」。當你抽出來的牌，是以下精油時，即可對照後方說明。

植物	對應脈輪	解語
岩玫瑰	海底輪	斷絕念想，拉出混亂的局面
古巴香脂		給予他支持，先聽他說
歐白芷根		帶著他前行
安息香		給予關心及可取暖的懷抱
沒藥	臍輪	讓過去過去，帶著他冷靜的療傷
穗甘松		原諒及寬容他，別抓著不放
玫瑰草		讓他知道你也在意他
香草		就要真實的擁抱
薄荷	胃輪	理性、清晰地與他同步
百里香		需要被保護
山雞椒		給他熱情、讓他為所欲為
黑雲杉		耐心地等等他

植物	對應脈輪	解語
香蜂草	心輪	不要想太多，要開心
玫瑰		給他強烈的愛
橙花		最簡單的幸福、小公主般的寵愛
羅馬洋甘菊		陪著他一點一點打開最糾結的內心
馬鬱蘭	喉輪	引導他認清自己的勇氣或方式
香桃木		如果有不開心請快速的溝通，別累積
麥蘆卡		有些傷痛需要你陪他度過
迷迭香		讓他肆意灑脫，暢所欲言
艾草	眉心輪	鼓勵他，助他夢想成真
月桂葉		跟他一起收穫勝利的果實
昆士亞		提醒他想好了就行動
茉莉		一個很有魅力及能力的人，很想被尊重
乳香	頂輪	需要被好好照顧及保護
晚香玉		稱讚他的魅力，看他扭轉人生
檀香木		靜靜地陪著他，或者不用陪
胡荽籽		心靈導師般的引導他

　　看了上述，你覺得如何？好玩嗎？如果你覺得很靈驗，那就對了！原來你也有神奇的魔法呢！

　　如果覺得一般般，那就先從「心」調整態度。請你先相信它，也相信你自己。因為，植物精油是很乾淨的物質，它們的世界很單純，因此可以測出最乾淨的你、我、他。如果過於複雜的思路，精油會無法反應、斷線、聽不

懂你的指令哦！所以，當摸香有阻礙時，就請先把精油（或精油牌卡）收起來，先調整一下，隔天再測吧！

PART 2

脈輪與摸香植物

脈輪的由來及使用

何謂脈輪?

傳說,大約在3000年前的印度,當時的人們受到疾病的侵害。於是,有一群被稱為「Rishis」(瑞希)的智者,為了免除當時人們的病痛,集體來到喜馬拉雅山麓靜坐冥想,共同研究克服疾病的方法,並記錄完整的醫療體系和治療的知識,這就是所謂的「阿育吠陀療法(Ayurveda)」,意指「生命與智慧」,在梵文中有「長生智慧」之意,是一門關於健康的古印度醫學知識。

「脈輪」與「能量」,源自於Ayurveda的「人類能量學」。他們相信,當人一出生時,每個人身上都會包覆著一個發光體,體內含有七個脈輪。脈輪就是一個旋轉的能量盤,它在身體內的七個輪內,以順時鐘的方向不停地轉動,因此讓身體的能量可以源源不絕的產出。

就像音符裡的Do、Re、Mi、Fa、So、La、Si,一樣地往上盤旋;脈輪則是紅、橙、黃、綠、藍、靛、紫般的光芒,在身體特定部位一圈圈地轉動著。

各脈輪代表的意思

脈輪的轉動，是讓情緒與疾病間能相互平衡，也強調身體的自我保護及自我療癒能力。當脈輪的開放、關閉，過度張揚或微弱散發的能量，都會影響一個人身體或情緒上的改變。這不僅僅只是心靈上的「過與不及」，更對應到了身體裡的疾病及其所造成的影響。脈輪共有七個輪圈。雖然每個脈輪都有自己的意思，不過也可以簡單地分成三大區塊來解析（見下頁圖示）。

因為印度阿育吠陀主張：愛可以化解所有的一切紛爭。有了愛，人們才能從原本只有自私的生存就好，到願意為他人犧牲奉獻。讓這樣的愛，從小小愛到大大愛，這樣才會有一直更進步的人類。

當脈輪不平衡時…

而脈輪的能量也是上下流通循環型態的。當下方脈輪堵住或不再轉動，上方脈輪也會卡住。例如，在愛的方面受到了創傷（關閉了臍輪），因此封閉了愛與被愛（心輪），進而影響到溝通及表達（喉輪），也會胡思亂想（牽動頂輪）、睡不好，最終極度沒安全感（嚴重受害的海底輪）。

像這樣環環相扣的事件，我會揪出原始的那個源頭，再一一往上解套、療癒，最後找出那條暢通的通道，來解決自己摸不清楚或找不到問題源頭的事件。

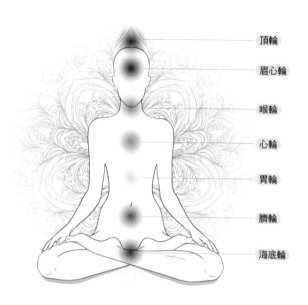

頂輪

眉心輪

喉輪

心輪

胃輪

臍輪

海底輪

 頂輪
理解、洞察、超越

 胃輪
勇氣、力量、尊嚴

 眉心輪
直覺力、想像力

 臍輪
情感、創造力、性感受

 喉輪
溝通、表達

 海底輪
安全感、生存

 心輪
愛、療癒、平衡

上方三脈輪（藍、靛、紫）：為溝通及思考的脈輪，也是人類一直進化後的需求。

中間脈輪（綠色）：為心輪，是主導的愛，用來分隔上下兩大脈輪。

下方三脈輪（紅、橙、黃）：為行動脈輪，也是最原始的需求。

所以，這本書才會出現。用簡單的方式，抓出心裡矛盾又揪結的問題。我很喜歡用脈輪的方式快速地來幫個案解決問題。或許這不是很絕對，也不一定每次都可以很順利（因為有些人會抗拒與自己對話）這時我就會用另一種方式來開啟或面對自己，很多成功的案例都會覺得「印度脈輪」這種古老的智慧真的很神奇。

就這樣，簡單以「顏色能量轉動」的概念，再搭配上「植物精油」的引導使用，就可調整現代人因生活、工作壓力，造成身心靈缺乏而不自覺的狀態。如果你也感覺到長期在身體的某個部位有腫、脹、塞、痛、悶的感覺，但又找不出原因，這時，對照一下脈輪圖片，或許也能找出問題的所在哦！

海底輪及對應的精油

梵文｜Muladhara

表達意義｜「基礎」。

掌管｜基礎生存，生命能量、體力、安全感。

脈輪位置｜尾椎、會陰。

對應身體的部位｜免疫力、血液循環系統、便祕、肥胖、坐骨神經痛、膝蓋關節。

　　海底輪給予的一直是基礎生存的動力，比如：時時的競爭、生命能量多寡、安全感的存在，這些是每天一睜眼就得面對的。

紅色海底輪在平穩時，會讓人們感受到舒適的氛圍，在任何環境都感覺安穩、和諧，不需要因為在乎表現好不好而恐慌。

而當感受到環境帶來的壓力及競爭過大時，則會讓人莫名有被迫想抓取權力，或對物欲利益無限放大，其實這在生活中都是很正常的，不需要太過在意。

最著要的是，懂得給自己留一點空間喘息找答案。雖然平衡的定義來自於安穩，但不是每個人都喜歡安穩、淡泊名利的生活。

而海底輪的安全感又像一條脈絡一樣，連結其他的六個脈輪，帶著我們經歷愛、勇氣、寬恕、溝通、思考、理解。

你們還記得嗎？第一本摸香書裡海底輪的4種植物，聊的都是最基礎的生存模式。有：

岩蘭草
穩妥的安全感

生薑
蓄勢待發

廣藿香
信任度及
金錢能量

花梨木
需要協助

傳遞的能量是「即使衝也要衝的恰如其分、有安全感」。當我們滿足了生活中柴米油鹽醬醋茶的所需後，也該升級至心靈上的需求，而這也是一種現代人一直在找尋的，說不上來的「滿足」及「匱乏感」。

　　而在這本摸香書裡，將一起來陪著大家發現 "心靈狀態" 的植物有：

岩玫瑰
扭轉現狀

古巴香脂
面對問題

歐白芷根
充滿力量
前行

安息香
解決內心真
正的匱乏感

　　我們一起來瞧瞧它們能帶來什麼奇妙的能量吧！

岩玫瑰 *Cistus*

保持希望，
絕處逢生

　　第一次與岩玫瑰相遇，擰開瓶蓋的那一剎那，我就後悔了…那氣味帶著苦、帶著深沉般的一言難盡，這氣味直撲撲的讓我的大腦一下子懵了。說好的玫瑰呢？再怎麼樣也不是這種宛如苦行僧的味道吧！

　　突然間我對它有了興趣，開始研究這支不是玫瑰類的岩玫瑰精油。原來，岩玫瑰精油來自西班牙，又名岩薔薇。精油不是來自花朵，而是從葉片及枝條取出的芳香樹脂，液體呈現金黃色。這是一朵很特殊的植物，屬於半日花科，確實只開花半日就謝掉，隔天又開出新花來。而它為了下一代繁殖的方式更是決絕，居然可以有策略的犧牲自己。當它的種子趨於成熟時，為了怕在貧瘠的環境下，

新的種子無法獲得好的養分，所以當岩玫瑰瀟瀟自燃時，會把旁邊的植物一起燒掉，好讓它的後代能順利的繁衍下來。看似無情的毀滅，倒不如說它為了「守護」而義無反顧的搏那一把。

接著來說說它的氣味吧，初聞時有種木質加皮革的複雜香氣，接觸空氣5分鐘後，另外有種迂迴蜿蜒在青草與木質間的神秘氣息，而我最初聞到的氣味、應該也就是我當時無奈的味道。有些調香師會把它當成秘密武器，或許也是迷戀它某種決絕的魔幻氣質吧！

🌾 在身體療效上

自古以來，岩玫瑰裡的黑色勞丹脂便是某些人喜愛的氣味。此外，它也是古埃及人和猶太人重要的薰香祭品成分。岩玫瑰具有美容及修護傷口的功效，尤其是傷口血流不止、血肉模糊，或經期大量出血的情形，岩玫瑰、永久花和薰衣草混合而成的急救配方，可止血也止痛，聽說埃及豔后最愛乳香＋岩玫瑰，會拿來當護膚聖品，消除眼周皺紋、皮膚再生及回春（我只能說當時的人們對護膚香氣要求很獨特）。岩玫瑰精油經證實也是止咳良藥喔！複雜的多分子，確實非常適合對付複雜頑強的病毒，比如：腸病毒、百日咳、口腔潰瘍等等。岩玫瑰純露用來淨化傷口的效果也是扛扛的。

・**身體想表達的語言**：絕佳的收斂及中止效果，很適合止不住的任何狀態。

在心靈療效上

相較於身體功能，我覺得它在心靈療癒上更勝一籌。或許是它生長的環境是在西班牙及摩洛哥這樣熱情的地方，而適合的土質是不容易積水的砂質土地，還不愛被人工養殖，因而性格爽朗、灑脫、乾脆、自我意識強烈、敢愛也敢放、斷捨離第一名。

適用於消除成人來自深層的恐懼感和強烈的不安全感。有時不管在生活或情感上，其實我們都努力了，也學習了，無奈就是一直在反覆折騰。心靈上都已千瘡百孔，但怎樣爬都爬不出來，無力扭轉現狀。尤其在情感折騰上焦慮、茫然、瘋狂。這時清醒的不要不要的岩玫瑰力量強力介入，它可以避開你的大腦思維，深入到問題的根源，甚至在我們沒有意識的情況下就發揮作用，將問題一拔而起，擺脫迷霧、找到真實的自己，也能把事件調整到最適合你的模式。

・**心靈能量**：捨棄舊習、扭轉局勢、斷捨離。

摸香解析

摸出四支精油，岩玫瑰出現在四個不同位置時，依次的解釋為：

外在

是個充滿能量、乾脆有活力的人，能亂中有序的處理任何事件。

內心

有些煩躁的事困擾著，想釐清方向也想擺脫混亂，回歸正常。

潛意識

困在某些複雜局勢中、想跳脫舒適圈、想狠狠的讓自己抽離，重新開始，但是還是下不了決定。

解決方法

突破舊思路、奮力一搏、層層分解事件、改變環境、勇敢前進，將會有意外收穫。

香氣解套法

① 想從瘋狂的困境中走出來時（薰香或擦腳底）

　　岩玫瑰＋胡蘿蔔籽精油

② 增加自信、化解說不出的恐慌時（薰香）

　　岩玫瑰＋茉莉＋甜橙

從香氣喜好分辨出不同特質

喜歡岩玫瑰香氣的人
受歡迎的人，有魅力、生活得很自在也隨興。

不喜歡岩玫瑰香氣的人
正困在要與不要中猶豫不決，有多不喜歡就有多糾結。

古巴香脂 *Copaiba*

我就是我，
不用跟誰比

　　古巴香脂並非來自古巴，而是來自於亞馬遜熱帶雨林中，一種叫古巴香脂樹的樹脂，這種樹最高可長至100英尺的高度。古巴香脂的藥用歷史悠久，亞馬遜地區的古老居民將這種樹脂當作大自然給予的禮物來珍惜。當地氣候非常濕熱，有非常多的植物與它共同生長，因此必須有非常強的生存能力及共情能力。因為長得高大，穩妥的當上豆科植物的第一把交椅，採集方式是在樹身鑽個洞，讓樹脂流出。淡淡的木質香仿彿在說著「有我在，別害怕」的安心感。

在身體療效上

號稱天然麻醉劑，可用來處理出血、潰瘍、傷口等嚴重的皮膚問題。精油來源於樹脂，倍半萜烯含量無人能及，修復能力非常強。也能使用在一些呼吸系統及神經系統疼痛及感染症狀上。

雖然它位於海底輪，是安全感的來源。但因生長特性，它可延伸在身體各方面的需求，從生殖系統、神經系統、腸胃、呼吸道，就如同它高大的身軀守護著人們由下至上，層層包圍著。

> • 身體想表達的語言：定位、恐懼、生存壓力帶來的不適感。

在心靈療效上

古巴香脂生活在熱帶雨林，豐沛的陽光、充足的雨水、肥沃的土壤，令它擁有強大的原生功能。生活條件與乳香、沒藥正好相反，條件很好。

如果說乳香、沒藥是從貧瘠生活中找到要學習的人生態度，然後在吃苦當吃補的毅力中，靠自己找到希望勇敢往前邁進。那古巴香脂就是一個在地方上低調樸實的大地主，他擅長觀察，也擅長熱情及無私的分享，都是最接地氣及安心的照護。

氣味微甜而淡然，生活環境也舒適，在熟悉的環境中

大方而從容的展現自我，跟誰融合都能刷出對方的存在感，因為有足夠的底氣所以不擔心給予，如果到了一個新環境，或是新的人際群體中有些關係消化不良、不夠踏實、也不知道該把自己擺在什麼位置的你，試試這位在地穩妥又喜歡照顧別人的純樸大地主吧！

他能帶著你看懂自己的內心需要的是什麼，不用迎合別人，也無需討好別人，你的存在是必須的也是安全的，不管什麼位置都能保持最好狀態喔！

· 心靈能量：用豁達樂觀的態度面對所有問題。

摸香解析

摸出四支精油，古巴香脂出現在四個不同位置時，依次的解釋為：

1 外在

是個熱情又簡單的人，能襯托他人的優點，給予最直接的支援。

2 內心

想要保持最好的狀態，且能做自己。在任何環境或群體中，都能淡定的融入，發揮最佳狀態。

3 潛意識

需要有人帶領，讓自己在環境中找到定位，發揮所長。不想再隨波逐流。

4 解決方法

你就是你，有你擅長的模式。用正面的態度看到問題、接受問題，別把簡單的事給複雜化了。

香氣解套法

① 當很多事一起來，讓人混亂無法釐清思緒時（薰香）

古巴香脂＋萊姆＋佛手柑＋薄荷

② 缺乏自信想改變自己時，調瓶大步前進的魅力香氣吧！

黑雲杉＋古巴香脂＋花梨木＋伊蘭＋檸檬

從香氣喜好分辨出不同特質

喜歡古巴香脂香氣的人擅長分享、格局大、愛自己也能愛別人。

不喜歡古巴香脂香氣的人對於自己目前很多狀態都是模稜兩可，擔心無法掌控、無法找到答案，對未來感到不安。

歐白芷根 *Angelica Root*

充滿力量
地前行着

　　歐白芷根又名大天使，也被稱為天使草、洋當歸、聖靈根。相傳15世紀時黑死病大流行，大天使托夢給一名修士教他使用歐白芷製作藥水，救了很多民眾，從此它在當時人們心中成了防禦疾病、除邪氣的護身符。

　　歐白芷根是多年生植物，跟大多數傘形科植物一樣，它的花朵龐大像是能捧在手上的星星般。喜歡潮濕，多生在沼澤溪流邊，紫色莖幹的植物具滋補的特質，因此歐洲有些地區會把它醃製後做成零嘴來食用。

在身體療效上

　　當歸補血、歐白芷根補氣，它對身體療效幾乎是全面

性的。除了給予身體足夠的元氣幫助循環外，還能強化提升女性生殖能量，以及消化系統的不順暢（尤其是協助情緒的消化上）。治療身體骨骼疼痛、安撫中樞神經系統，及思慮過多的頭痛。令我意外的是除了薄荷外，歐白芷根也有恢復嗅覺的功能。只是有點要注意的，不要使用過量，會刺激神經系統過於亢奮，容易失眠。

> · 身體想表達的語言：因生存的關鍵時刻，某些情緒無法釋放，或面對難題迷茫時引發身體的疼痛感。

在心靈療效上

觀察植物除了看它的樣子，其次就是氣味了。如果你們也聞過穗甘松、纈草的氣味，那就會發現歐白芷根的根部香氣居然無比甜美。再深聞會有種清透卻有力道的感受穿透鼻腔而過，讓大腦瞬間清澈了起來。它也擅長平衡海底輪傳導至大腦做重大決定時，給予需要的勇氣及肯定，面對難題的能力也非常優秀。因為對照歐白芷根的惡劣生長環境，所需要的就是對環境的熱血及強大信念，當生活中遇上困境，也會生出一種勇往直前的能量。

> · 心靈能量：乘風破浪，無所畏懼。

歐白芷根的驚悚夢境，背後想傳達的是？

我從來沒想過這種繖形科植物的能量會如此強大，有一次我們正在課堂上討論植物引發的夢境時，有個學生說她擦了歐白芷根後，做了個可怕的夢。夢中她一個人走在幽暗森林中，越往深處走心中越緊張，當面前出現滿地的骨頭、眼睛、頭顱、內臟時她停了下來，雖然很吃驚但居然不害怕。她環顧四周，發現了一個超大麻布袋，心想總不能讓這些東西曝曬在陽光下吧，因此就拿著麻布袋開始一個個的撿，這時夢也結束了。醒來後她很害怕，總感覺是不是沾上了什麼不乾淨的東西。

經我詢問後才知道，她正面臨著職業轉型期，而且轉換的跑道是她不擅長的，還喊了幾個志同道合的朋友一起闖蕩。我問她為什麼敢？她說因為相信及勇氣。她本身的性格除了有強大的保護欲也極其熱心，就像個總是能闖關成功、無所不能的大姐頭。或許以她的現狀來看，只能義無反顧地前進，停也停不下來。而潛意識又很怕她能量不足而退卻了。所以這個夢境是在鼓勵她，前進吧！再可怕的環境、事物，妳都能穩穩一步步地解決，因為妳有足夠的能量，不需要害怕。

摸香解析

摸出四支精油，歐白芷根出現在四個不同位置時，依次的解釋為：

 外在

 擁有熱血的保護者能量，總能正面的看待所有事件，毅力很足，有點小堅持。

 內心

 遇到一些難題而困惑著，需要決心及勇氣來突破，就算有委屈也會往內吞。

 潛意識

 對於很多事總是有種迷茫，累積了很多困惑。內心有些無助，需要被保護或被指引方向。

 解決方法

 收起敏感的小心思，給自己強大及堅定的決心，堅持你要的方向，無所畏懼地前進。

 香氣解套法

① 當對於某些事內心反覆折騰、無法割捨時，需要毅然決然的力量（擦腳底）

歐白芷根＋生薑

② 給擁擠的生活來點輕鬆的感受（薰香）

歐白芷根＋羅馬洋甘菊＋葡萄柚（或檸檬）

從香氣喜好分辨出不同特質

喜歡歐白芷根香氣的人是個能面對困境及解決的人。

不喜歡歐白芷根香氣的人陷在自我懷疑及不知道該如何前進中。

安息香 *Benzoin*

找到被忽略
的愛及溫暖

　　安息香屬安息香科，樹長得很高大，取出的樹脂黏
稠，帶點橘紅色。原產於中亞古安息國、阿拉伯半島，是
古代製香的經典材料之一，傳說也用來驅趕邪靈。而現在
最優質的安息香產於印尼的蘇門答臘，含有高濃度的安息
香酸及香草素，令安息香聞起來有著香草霜淇淋的甜美感
及特殊的療癒力，定香也是強項之一。

在身體療效上

　　樹脂類精油擅長修護身體及心裡的傷口，對於肺部問
題及皮膚是他的強項。只是它很特別，我喜歡拿他與其他
精油混合使用。比如：皮膚上的龜裂、乾燥、創傷久久不

癒，我會把廣藿香（或乳香、薰衣草、晚香玉）配上安息香，再加植物油擦上。

呼吸道的搔癢感及疼痛感或久咳不癒時，我會混和檸檬、花梨木、安息香、一些植物油，塗抹脖子兩側及胸口緩解搔癢感。或安息香加香蜂草、迷迭香、山雞椒，再加一些植物油，塗抹上述位置，可處理久咳不癒。

• 身體想表達的情緒語言：別因為內心說不清的傷害煎熬自己，影響了皮膚上或身體上疾病的療癒時間。

在心靈療效上

安息香橫跨在海底輪及心輪之間，解決的都是因為心理上的匱乏、孤獨、寂寞、被忽略而引起的情緒病痛，而這樣的疾病通常不好根治。還記得在遊樂園中坐上旋轉木馬時內心雀躍的自己嗎？那時的我們有人寵著、疼愛著，當時只要專注著開心就好。而長大後面對現實及冷酷的世界，每件事都要去面對、解決，不容許有半點退縮。在夜深人靜時，我們也渴望著有依靠、被寵愛。當這種被忽略的愛變成失望、沮喪，長期下來情緒上消化不了的就會轉向身體，當皮膚或呼吸系統的問題困擾你時，這時身體就是來提醒我們：已經超標，也不堪負荷了。

這時，就可試試在不同配方中，加入充滿溫暖又有踏實感的安息香。甜美的氣味宛如大人的小甜點，補給了心

靈裡缺乏的那份歷經風霜的初心，平衡心裡說不清的匱乏感，修復被某某忽略或辜負的心，讓你在意的一切瞬間有了變化。當我們找回遊樂園中快樂的自己，就會願意接受現實的挑戰，像安息香一樣融合在不同的配方中，發揮最溫暖而不可或缺的能量。

- 心靈能量：接受當下、保持初心，給自己的能量找到豐盈狀態。

摸香解析

摸出四支精油，安息香出現在四個不同位置時，依次的解釋為：

1 外在

能融入不同環境中，溫暖又踏實的存在，且給旁人不同的意見注入最關鍵的能量。

2 內心

在現實與期待中糾結著，想要讓某些狀態能更好，需要被在乎及溫暖的感受。

潛意識

需要安撫長期被失落或被忽略的感受、過度依賴某種安全感、不想面對現實。

解決方法

收拾一下內心的孤單,接受現實生活,不要宅著,找到舒服能相處的人群,先給予愛就能收穫愛。

 香氣解套法

① 當遭遇某些事而膽顫心驚、惡夢連連時(睡前擦腳底)

安息香+岩蘭草

② 想要掙脫現狀,找回內心溫暖的狀態(薰香)

安息香+乳香+天竺葵+野橘

 從香氣喜好分辨出不同特質

喜歡安息香香氣的人
擁有能給予他人溫暖能量的特質。

不喜歡安息香香氣的人
逃避某些事不想面對,也不想處理。

臍輪與對應的精油

梵文 | Svadhishthana

表達意義 | 「安全舒適的小天地」。

掌管 | 親密關係，無中生有的創造力，想像力。

脈輪位置 | 肚臍下三指。

對應身體的部位 | 內分泌生殖系統、坐骨神經、性能力。

　　臍輪的位置代表「親密」，想鬆開或放下是不是一件
挺難的事？它不是身體一個動作就能完成的，而是心裡對
親密關係的拉扯。更白話來說是一種「計較」。

　　你一定常常聽到：

為什麼我100分的愛，而你卻只愛我60分？

為什麼我對你事事關心，而你卻老忽視我？

為什麼我都會考慮你，而你卻都不想想我的需求？

為什麼我都知道你愛吃什麼，但你都把我不喜歡的給我？

See！這裡的「計較」包含了我感受到的及我想要的，而對於親密關係的想像力及創造力，在這裡發揮到極致。男人是理性的，女人是感性的，這點在大腦思維中確實不容易改變，而臍輪又是熱情的源頭。

對於理性腦的男性來說，碰觸是一件很重要的事，也是點燃熱情的那把火，要快、狠、準，跟做事業一樣，確認目標，火力全開。而感性腦的女性，卻是要循循善誘、半哄半騙，編織一場愛情的未來藍圖，她才會讓自己全然的奉獻給對方，組成家庭。這一切都急不得，就是要有耐心！

這一開始就是個拉扯的耐力賽，誰勝誰負都說不定，有趣的是，一個調查報告顯示，當愛情終止時，花最長時間走出來的卻是男性。我只能解讀成：他們看似不在意，但卻藏得好深好深。

臍輪掌管的是「原始情緒能量的中心、情感的表達、性的索取、對愛的付出，及更多的原諒」。而愛的能力在童年時期就開始養成，男性與女性感受愛的敏銳度是一樣的，只是女性會表達、會調整，而男性比較不容易達成。

所以成年後就會有很多不平衡問題產生，比如：性壓抑或性衝動，以及情緒的隱藏，而女性更多傾向於依附、索取及過度情緒化。

這些問題的起點，都來自於兩人剛開始時畫的那張未來藍圖，及不夠深思的快狠準失了平衡。因此！第一本摸香帶大家找尋了「愛的起點」，有：

快樂鼠尾草
想像中的
期待值

丁香
有種無力感

天竺葵
想被愛著

黑胡椒
機靈、有創造
力地想辦法

看懂了才能走得長遠，共創美好未來。如果愛的起點起得沒有很美好，不著急，人是可以換的，而學習是無止盡的，只要肯調整，沒有攻不下的人。因此第二本書的植物超級貼心，帶著我們用對的方式去感受，學會原諒他人才能真正的療癒以為不被重視的自己。有：

沒藥
找到新的節
奏、修護傷疤

穗甘松
寬容的力量

玫瑰草
別老抓著不放

馬達加斯加香草
破繭而出，更
美好的自己

　　有時以為沒事了，卻周而復始把自己困在其中，不要緊，這些都只是過程啦！重點是：再度擁有對愛的希望及熱情，才是我們該追求的。讓我們一起來探索沒藥、穗甘松、玫瑰草、馬達加斯加香草，他們想說什麼吧！

沒藥 *Myrrh*

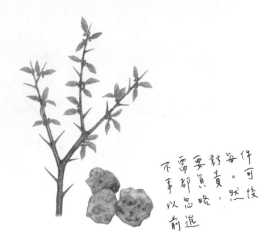

不需要對每件事都負責。可以忽略，然後前進

　　沒藥、乳香都生長在貧瘠炎熱的不毛之地，像是索馬利亞。沒藥精油萃取自樹脂，索馬利亞當地農戶用刀子割破沒藥樹皮，當樹皮被劃開時就會有樹脂流出。但是氣候炎熱，樹脂流出過多，植物就會失水而死，因此樹脂有非常強大的收斂和修復特性，同時清涼、冷卻效果也很強。

在身體療效上

　　沒藥的主要成分是倍半萜烯和萜類，其中倍半萜烯佔90%，具有消炎、止痛、治創傷的功效，被譽為「天然的創口貼」，用在口腔潰瘍及傷口修護上。而它的止痛有類嗎啡的效果，不過因為沒藥黏稠，封閉傷口的能力特強，

為了避免外傷傷口內還有細菌存在而化膿感染，在皮膚外傷傷口使用沒藥時，可加上植物油及茶樹或永久花混合擦拭。

沒藥精油也是強效的抗氧化劑，同時具有抗老化作用，有很多臉部配方會有沒藥的身影。可以試試回春油：沒藥3＋檀香2＋乳香2＋玫瑰2＋薰衣草1＋30ml荷荷芭油，一週2次當臉部按摩油使用。

從中醫的角度來說，乳香偏行氣、沒藥偏化瘀及解除淤堵帶來的各種身體不適。擅長行走於肝經、脾經、腎經、肺經。而中藥裡的沒藥也是活血及消炎止痛的藥引，對於甲狀腺調節、肺部感染、女性子宮及生殖系統的淨化（比如經血過少、念珠菌感染、分泌物異常）也有其功效。

- 身體想表達的語言：當情緒過分狂熱時，內分泌系統首當其衝被破壞，需要讓自己冷靜一下。

在心靈療效上

沒藥主通疏導，可鎮心神，專治敏感性人格，讓一些陳年舊事導致身心重創，或渾渾噩噩度日，找不到真實自我的人重新整合，幫助放掉過去，找回屬於自己的節奏。

在我的案例中，最常出現的是一些為了家庭任勞任怨的媽媽們，要兼顧著好媳婦、好太太、好母親的角色，處

理著很多瑣碎的事情，也吞下很多委屈，以為做好了本分，就能獲得先生的關愛、公婆的稱讚。當希望累積成了失望，就變成了委屈及憤怒。當年紀越來越年長，委屈也日益壯大，便逐漸被這種情緒綑綁，找不到出口，不知道如何解脫。這時強力療癒人心的三寶：乳香、沒藥、永久花就可以用上。擦擦胸口，或用沒藥、乳香、薰衣草薰薰香，作用都是切斷過去，淡化悲傷，迅速代謝掉傷痛委屈，癒合看不見的傷口。副作用是可能會夢到一些讓人憤怒、恐懼及大喊大叫的畫面，但不用擔心，這就是斬斷過去的出口喔！請放心使用。

喜歡薰香的你們也可以在煩躁的時候，不管用什麼配方，都加上一滴沒藥。這神奇的香脂薰出來的香氣，可以幫助釋放壓在情緒裡的過多燥火及過多的慾望，減少自己與他人不友善的磁場導致的互相糾結。當身心都維持著平靜與愉悅的感受時，良性的吸引力就會接踵而來。

・心靈能量：有毅力找到自己的節奏，不要跟著過去轉。

摸香解析

摸出四支精油，沒藥出現在四個不同位置時，依次的解釋為：

外在

對自己的目標及節奏都很有要求的人，想有毅力地完成。

內心

面對的狀況有點棘手，但想找到答案，也不想放棄。

潛意識

身體有些狀況產生以及敏感的情緒抓太緊，想要有個力量來跳脫或放鬆自己。

解決方法

放開自己滿溢的責任心，給人及事件一點空間，才能完美的轉身，有不同的收穫。

香氣解套法

① 緩解狂熱的情緒（薰香）

　　沒藥＋絲柏＋廣藿香＋馬鬱蘭＋天竺葵

② 婦科滋補油※針對不順暢及量少型（按摩下腹）

　　沒藥＋生薑＋玫瑰＋花梨木＋快樂鼠尾草＋月見草油

從香氣喜好分辨不同特質

喜歡沒藥香氣的人
面對難題時能冷靜地找答案、自己的模式，而且不放棄。

不喜歡沒藥香氣的人
遇到事情時內心情緒起伏過大，容易焦躁不安。

穗甘松 *Spikenard*

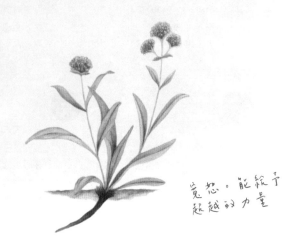

寬恕。能給予
超越的力量

　　穗甘松原生於喜馬拉雅山3000～4500米山區，主要分佈在尼泊爾、不丹等地區。因長在45度的斜坡上，根部很粗，開著美麗的小紫花。但挖取不易，價格昂貴，自古以來就是權貴的用油。在尼泊爾，穗甘松也是古老又神聖的植物。據說不丹人的傳統用藥中不含穗甘松的藥就不是藥，或許是在這充滿神聖的國度裡，他們明白了現代人的生活中需要一些寬恕的力量，讓自己糾結的內心得到解脫。

在身體療效上

　　說到穗甘松的氣味就有點一言難盡。有人說腳臭味、

食物腐敗的醃酸味，也有人說是像悲傷的氣味，就是非常有個性而且難拿捏。這種氣味並非穗甘松獨有，而是敗醬草科植物的特色，例如另一位家族成員纈草也有類似的氣味，纈草擅長消炎止肌肉上的疼痛。穗甘松則更擅長處理心血管問題及高血壓、靜脈曲張等問題。但對於深度失眠症狀兩者都很有幫助，只是剛開始使用時下手不要太重，畢竟有些狀況不是一次就能解決的，要慢慢來。

　　穗甘松含有的倍半萜成分，能影響大腦邊緣系統，可平衡荷爾蒙，處理內分泌失調、情緒壓力及自主神經系統失衡引起的頭痛、失眠或皮膚過敏等問題，因此被視為重要的神經系統滋補劑。

　　如果不知道如何拿捏穗甘松的氣味，可參考搭配以下精油：

① 皮膚乾燥而過敏：穗甘松＋廣藿香、羅馬洋甘菊、花梨木、伊蘭、乳香、薰衣草等

② 呼吸道問題：穗甘松＋萊姆、迷迭香、尤加利、山雞椒、豆蔻等

③ 頭疼：穗甘松＋羅勒、胡荽葉、薄荷、快樂鼠尾草、馬鬱蘭、乳香等

　• 身體想表達的語言：糾結過多的情緒，讓神經系統無所適從，導致皮膚敏感、身體的莫名疼痛、消化系統的崩潰。

⚘ 在心靈療效上

穗甘松精油有非常獨特的根部能量，它富有強大的紮根力，可傳遞並賦予人安定感。從心靈角度，阿育吠陀療法認為，穗甘松對於臍輪、心輪能產生很強的作用。對穗甘松有這樣的解釋：它會以一種非常深刻的方式讓人在臍輪紮根、協調，並帶來心的力量和勇氣。同時，其豐富的倍半萜烯成分，也能引領我們回歸自我中心，平衡自我的優點，讓人重新振作。而「寬恕與原諒」也是穗甘松很重要的一個賣點。

雖然穗甘松的氣味並不討喜，但它卻能穩定內心。平時感到經常情緒暴躁失控，或過於情緒化的人，可以多用穗甘松。它能收回外露的狂躁，將情緒中不可控的過多情緒加以穩定，這是一種安定的力量，也是冥想時非常合適的一支精油。

• 心靈能量：原諒所有的背叛，放下執念。

⚘ 摸香解析

摸出四支精油，穗甘松出現在四個不同位置時，依次的解釋為：

外在

表面上都説不在乎、沒關係，感覺放下了，也原諒了。

内心

有些不開心揪著太久了，反覆地在原諒與憤怒中徘徊，很想要徹底放下。

潛意識

渴望真心的原諒，也知道這樣下去好累，但就是捨不得原諒也放不下。

解決方法

原諒真的不容易，先寬容、溫柔善待自己，再慢慢地寬恕他人，不著急。

香氣解套法

① **因背叛想平衡焦躁的情緒（薰香）**

穗甘松＋橙花＋羅馬洋甘菊＋橘葉

② **因現實與內心期待真實的自己落差太大而失眠（薰香）**

穗甘松＋乳香＋岩蘭草＋天竺葵＋甜橙

從香氣喜好分辨不同特質

喜歡穗甘松香氣的人
在金錢及兩性關係中達到平衡的狀態。

不喜歡穗甘松香氣的人
內心情感上有不能平衡的焦慮，但想解決。

玫瑰草 *Palmarosa*

解除對過往
情感的緊抓
不放

　　玫瑰草也叫馬丁香，原產於印度熱帶地區，喜歡乾燥向陽的環境。細長的草一叢一叢地長著，在開花前就會被採收下來萃成精油。是禾本科香茅屬，生命力旺盛，是最能適應環境變化的植物。對於常找不到方向，或容易讓旁人感受不到安全感的族群，很適合在配方中加入玫瑰草、檸檬香茅、岩蘭草這樣的植物。

　　而被稱為窮人玫瑰的它，也是因為香氣中微微帶著一縷倔強的玫瑰香氣，但其青草味還是偏重的，有點東方調系的感覺。這樣的氣味對你來說會是什麼樣的感受呢？在香氣調查中，有人感受出澀澀的氣味或藥草味，或清甜味，其實這也跟你現在情感狀態有關喔！那你聞到的氣味是什麼呢？

🌱 在身體療效上

　　玫瑰草的牻牛兒醇很高，主要針對腎上腺素和雌激素的平衡，對於腸胃消化、皮膚及婦科有抗發炎、抗菌、處理陰道炎等功能。另外它也是能量補給站，當我們過度消耗身體或壓力導致整個人疲憊提不起勁時，負能量也會開始蔓延，整個人會失衡，免疫力下降，這時擁有紮根力強又性格開闊的玫瑰草可以加入其它你喜歡的精油中，以按摩身體或薰香方式，救回奄奄一息的我們。

> • 身體想表達的語言：情感糾結過深時就會影響身體狀態，而婦科、皮膚及消化系統首當其衝。

🌱 在心靈療效上

　　因為玫瑰草我終於明白什麼叫執念。因為執著在某種狀態中不容易放手，會讓自己耗盡很多力氣使自己太緊繃，也因為害怕受傷、沒有安全感，一直讓自己陷在混亂漩渦中無法自拔。如果只是執著在「想被愛而愛」，玫瑰草可以協助，調整最適合的模式，解除大腦的警報系統，放鬆緊抓著不放而引發的傷害及憤怒，平復高漲的情緒，讓自己瞬間清醒。

　　這樣的案例也確實很多，我只能說，愛情這堂課真的是讓人上上又下下，是除了金錢外，人生中得與失之間的另一堂大課。而且還不能翹課喔！不然會一直重修。

我們用愛情的角度來分析一下，玫瑰、玫瑰天竺葵、玫瑰草，這三款都有著玫瑰香氣植物：

玫瑰	玫瑰天竺葵	玫瑰草
女王視角。在愛情中有絕對的主導權，只有我能決定要不要，敢愛也敢放。	愛情中的林黛玉。用仰視的角度、發光的眼神追隨著她所愛的人。柔軟地等待著被愛，拿捏不了對方。	處於簡單的環境中，很容易與人打成一片，熱情地奉獻愛情，當被忽略時不甘心也不願委屈，一定要為自己爭口氣要個說法，是個愛恨分明的小情種。

・心靈能量：放下執念，放過自己。

摸香解析

摸出四支精油，玫瑰草出現在四個不同位置時，依次的解釋為：

1 外在

對情感認真又執著，有自己的主張及想法，很能跟旁人打成一片。

2 內心

是不是有點累了？在某個人或狀態中糾結太久，內心有些委屈、疲憊、不安，但還放不了手。

潛意識

抓著不放是致命傷。不想再陷在某些人事物中，有些煩躁了。

解決方法

如果這事情是無解的，或得到的答案也不能讓你快樂，那就放掉它，然後接受它，因為更好的事即將發生。

香氣解套法

① 讓煩躁的念頭一併拔除（薰香）

玫瑰草＋天竺葵＋杜松漿果＋廣藿香

② 因情感問題而身心疲憊、能量不足（稀釋後擦腳底及下腹的位置）

玫瑰草＋歐白芷根＋花梨木＋生薑

從香氣喜好分辨不同特質

喜歡玫瑰草香氣的人
在情感上把控得很好，可以熱情地對應。

不喜歡玫瑰草香氣的人
在情感上有些委屈，不知道怎麼找到自己要的。

馬達加斯加香草 *Vanilla*

給一抹甜，
找到熱情與
溫暖

　　熱愛烘焙的朋友對香草豆莢一定都不陌生，看起來黑黑乾乾的不起眼，但一打開豆莢那甜美的香氣宛如跌進一桶香草霜淇淋中，聞起來就是開心。那時覺得這植物真的昂貴又奇妙，後來發現有香草精油時我是很興奮的，它的成長過程，及延伸的「就是要抱抱」的人格特質讓我著了迷。

　　原來香草豆莢才是香氣的來源，而他有個可愛的英文名字Vanilla，是「小豌豆」的意思。原產於中南美洲墨西哥，因大航海時代被西班牙人發現帶到歐洲，最後在馬達加斯加落地生長。雖然能開花卻結不了豆莢，這時他們才發現香草花的雄蕊和雌蕊間有層薄膜（感覺就像男女初相

識時，那層說不清的情愫）在原生地由小蜂鳥當媒介，牠會穿透這層薄膜讓花受精（就像是圍在身旁嘰嘰喳喳推波助瀾的親友群一樣）。後來當地的農民採用人工穿刺法，才得以讓香草在馬達加斯加落地生根。

在身體療效上

能處理「性功能」。這裡指的功能不是實體外型（因為那是媽生的無法改），更多指的是點燃大腦裡幻想功能。它能把感覺索然無味的事變得繽紛有趣，充滿探索，讓人驚喜無比。若想求證一下，可以試試在下腹擦上一點點的香草精油，只要3分鐘左右就會有從腳熱起來到想冒汗的感受。如果真的感受不到，那那那…就多擦個三天，啟動一下身體應有的熱情吧！

而在中醫系統裡香草可以滋補腎氣，為的也是提升身體的覺知能力，讓過程可以更加延伸。另外如果長期身心勞累得不到一點讚賞，也可以在處理身體疼痛時加入一滴香草精油。就這一抹甜能快速調整大腦及腸道的血清素，讓人在產生幸福感的當下，也能解掉身體長期的疲倦及疼痛感。※請少量使用，避免頭暈、頭痛、失眠

- 身體想表達的語言：「我需要抱抱」當身體過度僵化時，大腦對於情感的感知也會降低。

在心靈療效上

沒有什麼比一顆糖更好用了。小時候的我們天真又好奇，總覺得世界上有很多值得冒險的事，而愛情應該是浪漫又期待的，但在一次次的闖關失敗後，更多時候是對情感的恐懼及索然無味。香甜的氣味最容易打破人與人間的屏障，而且能讓血清素快速分泌，給予喜悅及自信，卸下冷漠的偽裝迅速拉近距離，也拉掉緊張與焦慮。而香草精油除了適合與木質、花朵、柑橘類搭配外，也很適合配上香料類，比如豆蔻、肉桂、丁香、羅勒，使自己維持在心思細膩又有趣的面對生活，不要看這小小的一滴喔！穿透身體與心靈的能量確實是非常優秀的。

・心靈能量：勇敢打破現狀，開始碰觸世界。

摸香解析

摸出四支精油，香草出現在四個不同位置時，依次的解釋為：

③ 潛意識

渴望突破長久以來的現狀，想讓自己的生活更豐富、精彩又驚喜。

④ 解決方法

跨越對愛的恐懼，拔除冷漠，塞滿溫暖的感受。

香氣解套法

① 當我們處在一個環境中無法獲得幸福感，而焦躁不安時（薰香）

香草＋岩蘭草＋歐白芷根＋天竺葵＋葡萄柚

② 打開防護罩（薰香或稀釋後做為特調香氣）

男款：香草＋廣藿香＋豆蔻＋黑雲杉＋佛手柑＋檸檬

女款：香草＋岩蘭草＋伊蘭＋粉胡椒＋萊姆＋甜橙

從香氣喜好分辨不同特質

喜歡香草香氣的人

欣賞自己的每個狀態，勇於面對及有自信。

不喜歡香草香氣的人

不接受稱讚，覺得自己沒這麼好，也不會去稱讚別人。感覺這世界沒有美好的事。

胃輪及對應的精油

梵文｜Manipura

表達意義｜「珠寶之殿」。

掌管｜勇氣、權力、財富、自尊以及團體中的自我價值。

脈輪位置｜肚臍上三指。

對應身體的部位｜肝膽及消化系統、腎上腺素。

　　胃輪主要掌管著前進的勇氣及能量，以及抉擇時的焦慮、壓抑的恐慌、憋著而膨脹的憤怒。腸胃道不只是負責食物的消化及吸收，還負責情緒的消化及排出，擁有非常多神經遞質的腸胃系統有著「第二個大腦」的稱號，而且

腸胃與大腦間傳遞的信息會觸發很多情緒反應。舉個最簡單的例子：如果長時間老是脹氣或排氣嚴重，那就得找找是誰讓你把氣往裡嚥，敢怒不敢言。這股看似不存在的氣體透過大腦的催化，就足以讓一個人的肚子老是鼓鼓的。轉身看看家裡的男主人是不是有同樣的症狀？問問看是誰弄的？除了脹氣外，腸胃其他的問題都與「信心」有關，信心要足，才能乘風破浪的前進。信心夠了，就能勇敢，不存在焦慮及恐慌。另一個就是「改變」，改變是需要能量的，也要有豁出去的勇氣。我在寫胃輪的植物時，會時不時的肚子餓，直到我把四種植物給完結了，這症狀就解了。我想是胃輪努力在幫我推進一些必須前進的勇氣吧！

回顧一下第一本摸香書裡胃輪的植物：

檸檬
給予舞台
及收穫

萊姆
行動上的壓
迫及沮喪

檸檬香茅
動起來的
熱情及刨除
舊習

杜松漿果
排除恐懼

這些關於生活上表層的基本需求及前進，當我們已漸漸排除後，接下來就要進入直面內心關於排除慣性，蛻變後的最佳結果，讓情緒不再翻騰，傳遞給大腦的都是喜悅。在這裡摸香二給的胃輪植物是：

胡椒薄荷
理性確認目標，獲得最好結果

沉香醇百里香
只管戰鬥，順利完成

山雞椒
擁有熱情，為所欲為

黑雲杉
潛力無限，大器晚成

這樣的胃輪是不是有種熱血沸騰，希望無限的感覺呢？當然，太過張揚對身體也會有些過激的反應，不過植物的力量就是擅長調整及平衡呀！不擔心喔！我們先來瞧瞧薄荷、百里香、山雞椒、黑雲杉他們在胃輪如何精彩的演繹吧！

胡椒薄荷 *Peppermint*

願與你再次
相遇

　　胡椒薄荷又稱歐薄荷或黑葉薄荷，喜歡生長在溫暖的地區，繁殖力很快，生命力旺盛，經濟價值很高。常見的除了胡椒薄荷外，還有氣味溫和甜美，對於膽汁分泌及傷口癒合很有幫助的綠薄荷；以及氣味清爽，能增強男性能量及激勵腎上腺素的檸檬薄荷。

　　它的歷史也很古老，除了拿來食用外，在古歐洲時期希臘男性身上會沾滿薄荷味，來突顯自己很有魅力。羅馬人會拿薄荷來泡澡緩解疲勞，讓全身充滿活力。而雅典人覺得這香氣象徵力量，也有思考、學習之意。古埃及人會用薄荷來清潔神廟，因為它的氣味讓人心情愉悅，也有淨化空氣及磁場的效果。

在身體療效上

薄荷在中國也是常用中藥，可入菜、調味，全株也可入藥。而在精油使用上，能幫助血液循環、提神醒腦，還能幫助睡眠、提振記憶力、養肝又利膽，也是恢復嗅覺及味覺的好工具。

除了上述外，緩解疼痛是它的強項，尤其是神經性疼痛，比如牙痛、壓力引起的頭痛，還能處理因突如其來的緊張而引起的腸胃不適感。薄荷有小兵立大功的作用，放在大多數配方上都能有加乘的功能。這裡提供兩個小配方：

① 頭痛：薰衣草、胡荽葉、羅勒、薄荷各一滴抓抓頭部。

② 腸胃不適：生薑、羅馬洋甘菊、薄荷各一滴稀釋後塗抹腸胃處。

另外，協助退燒也是一絕。在藥草屬性上，遇冷則熱，遇熱則冷，也是胡椒薄荷的特質之一。當發現感冒而身體呈現「畏寒」，也就是渾身發冷時，是即將高燒的前兆，這時可將薄荷擦在腳底，拿熱毛巾（或熱敷墊）包裹著腳部，約10分鐘後身體的溫度平衡不再發冷時，那就代表解除高燒的警報系統了。這簡單又直接的配方我親自測試過無數次。

> ·身體想表達的語言：太專注在自己的想法上，接受不了他人意見時，不好入眠及頭痛就是身體開始發出警訊了。

🌿 在心靈療效上

胡椒薄荷是外冷內溫的綠薄荷先生和愛熱鬧水薄荷小姐的孩子，雖然是不同品種但還是在一個大家族下成長。適應能力強，願意學習、改變，只是在想法上傳統的觀念及堅持的特質還是有的，而他也想傳達一個信念，就是學會溝通與交流，事事充滿著希望與生機。

胡椒薄荷擁有大量冷靜元素的薄荷醇，當用在情緒上時這樣的香氣穿透力很強大，具有調整神經系統作用、迅速安撫緊張、焦慮、憤怒、恐懼，能快刀斬亂麻，釐清現狀，在前進的道路上不亂了腳步。

如果薄荷先生有因為太過於緊張，或讓自己處於一個思想上的封閉時期走不出而不好入眠時，滴8－10滴薄荷在薰香機內薰香，對於腦神經有強力的放鬆作用，但不要常常這樣強力的使用喔！因為再厲害的植物也會有彈性疲乏的時候。

- 心靈能量：不斷審視自己的目標及方向，迎接挑戰，獲得想要的結果。

🌿 摸香解析

摸出四支精油，胡椒薄荷出現在四個不同位置時，依次的解釋為：

外在

是個做事認真,看來人品極佳的人。

內心

心裡坦蕩,很清楚自己的方向,也一直在調整最佳的方法。

潛意識

有點陷入膠著的狀態,渴望自己能面對及確認方向是對的。

解決方法

給自己多幾個選擇,放鬆固有的堅持模式,就會有清晰的結果或轉折點出現。

香氣解套法

① 淨化環境及磁場(薰香)

薄荷+雪松+杜松漿果+檸檬

② 在團隊中找到地位(加上植物油做成開運香氣)

薄荷+葡萄柚+古巴香脂+月桂+薰衣草

從香氣喜好分辨不同特質

喜歡胡椒薄荷香氣的人有自己的堅持,擅長理性分析,說一是一,喜歡自己一個人獨處。

不喜歡胡椒薄荷香氣的人能適應不同環境,感性的表達意見及想法,溫和地接受他人的建議。

沉香醇百里香 *Thyme CT Linalool*

柔和的勇氣。
安然度過

　　百里香的適應能力強，生長範圍廣泛，不同的化學結構有不同的植物類型產生。百里香隸屬於唇形科，在芳療界可是一門大家族，常見的有：勇猛抗病毒的百里酚百里香、萬能藥引的沉香醇百里香、擅長養肝的側伯醇百里香。

　　每個植物都有它的小故事，傳說在希臘神話中，女神維納斯因為看見特洛伊戰爭的殘忍而落淚，她的淚珠落入凡間，就成了百里香可愛的小葉子。所以百里香的英文其實來自希臘，也代表「溫柔與勇氣」的意思。

　　而古羅馬的士兵在上戰場前也會將百里香別在盔甲上，象徵勇氣。百里香的抗菌力很強，在3000多年前就被

廣泛使用，增添在食物中增加香氣，或燃燒在空氣中做淨化，以及用來處理各種身體上感染問題。

在身體療效上

大部份的百里香都含有大量的酚類成分，可抗菌、抗病毒，作用強大。但是對皮膚有刺激性，且代謝時肝臟要多花點力氣，因此對於幼童較不適用。而溫和的沉香醇百里香精油中，含有高達50%以上的沉香醇，它是一種非常溫和的成分，對皮膚無刺激性，能抗菌、抵禦病毒外，對於腸胃病毒、感冒症狀（耳鼻喉感染）、泌尿系統炎症都有很明顯的效果，擅長用來提升人體免疫力。這溫暖的力量用在孩子及老人身上最棒了，能給予緩緩前進的保護能力。

> ・身體想傳達的訊息：面對新的勇氣及挑戰而倍感壓力時，免疫系統失調及感染問題就會出現，這時需要緩一下，再緩一下。

在心靈療效上

多分子的沉香醇百里香，生命力旺盛，能適應各種環境。態度也溫和，能協助我們融合更多的想法，試探著找出最舒服的方法來適應當下的自己。尤其是在生活或工作長期壓力下所引起的疲倦與挫折感。能給予新的勇氣及果

敢的指引，持續灌入新的活力，去除心窩裡的障礙，這也適合用在乖小孩身上喔！

並不是所有女孩都是用甜美香料及美好的事物養成，有些百里香女孩，生來就是冒險、智慧、無所畏懼的代表。這讓我想起一部迪士尼電影叫海洋奇緣（Moana），主角Moana是南太平洋島國的公主，從小敢於冒險，富有好奇心且熱愛海洋。他的酋長父親早為Moana規劃好了人生，希望她長大後繼承衣鉢，雖然Moana一直用軟性方式反抗，但都沒用。直到最後族人面臨生存危機時，父親才鬆手讓她主導。Moana在冒險途中勇敢面對及解決所有挫折，很多事原本是她不會的，比如如何掌控一艘船，順利的航海。她一試再試，過程雖然狼狽，但最後仍用行動說服了半神毛伊加入聯盟，一起打敗了椰子海盜、螃蟹怪，和傳說中的大魔王，解救了族人。這些全都來自於最簡單的「行動力及不放棄的心」。

我們身邊都會有一些聽話的乖孩子，自小就想要贏得關注，拚命達成大人的期待及心願。一直努力的目標，其實跟自己要的方向不同，長期下來內心的疲憊不是他人能理解的。這時他們話會越來越少，內心戲越來越多而開始質疑自己的未來。有時會影響到神經系統、睡眠及皮膚健康的狀態。這時可將沉香醇百里香配上花梨木、岩蘭草、天竺葵、山雞椒薰香，給予更多愛及鼓勵，就能恢復自信心，獲得滿滿的成就感。

．心靈能量：願意改變行動計劃，命運就會不同。

摸香解析

摸出四支精油，沉香醇百里香出現在四個不同位置時，依次的解釋為：

外在

有想法、有能力，擅長平衡及柔性整合，是個充滿活力的人，需要被認同。

內心

某些事有點壓力或挫敗，想要快速面對及解決，不想放太久。

潛意識

拖得太久，有些疲憊及挫敗感了，想要找到溫和解決的方式，恢復以往的戰鬥力。

解決方法

這過程是會讓人感到疲憊的，試試改變舊有的行動模式及思維，再勇敢一點就會有更好的方式出現。

香氣解套法

① 想要給自己多些柔性的勇氣時

沉香醇百里香＋雪松＋檸檬

② 因為在乎他人而無法前進時

　沉香醇百里香＋廣藿香＋絲柏＋佛手柑

 從香氣喜好分辨不同特質

 |

喜歡百里香香氣的人
是個對自己有自信，也能
協助讓所有行動都完美的
人。

不喜歡百里香香氣的人
在現實與童真中拉扯，想
要用最簡單方式，卻因為
生存環境而不得不用大人
的方式生活著。

山雞椒 *May Chang*

樸實又熱情

　　山雞椒，又名山倉子、山胡椒，泰雅原住民也稱它為「馬告」。豐富的檸檬醛帶著香料清甜味混著柑橘及微微花香調，用來搭配肉類食物比其他香料類更有特色。

在身體療效上

　　山雞椒除了檸檬醛外，又富含香葉醛與橙花醛，具有非常強的抗菌及抗感染能力。傳統使用在驅風散寒，以及用於腸胃的炎症、食慾不振、消化不良、脾胃部疼痛，還能平衡油性皮膚。另外也用在初期感冒症狀、肺部的感染、有痰的咳嗽都很適合。所有精油中我最常用來隔離病毒及防流感就是它了，甚至有些迷戀它毫不矯情的氣味，

可搭配冷杉、檸檬、百里香、丁香、柑橘類、薄荷、苦橙葉、月桂葉擇一二薰香即可。是超接地氣，性價比超高的小夥伴。

- 身體想表達的語言：當環境及自身狀態處於封閉或無法跨越時，會體現在腸胃的糾結及皮膚的油脂分泌旺盛。

在心靈療效上

　　春天開花的山雞椒，能為一年帶來悠遊自在、隨心所欲的希望。初次聞到山雞椒氣味時，我就開始迷戀它。這是一種混合了樂天知命的氣味，它就像一隻在大樹林裡隨性蹦來蹦去的小山雀，長得不特別起眼，輕盈而靈活，可以群聚也能自己玩得很開心，每天悠閒愉快的看待所有發生的事，爽朗又豁達。因為「心態自由」不會因為生活瑣事而焦慮，不會因為他人的一句話、一個眼神就讓自己長久的努力功虧一簣。不管在什麼年紀，眼神依然閃閃發光、炯炯有神。

　　它也是很熱心的喔！只不過協助他人的方式是「帶著一起玩」的感覺，在擁有生命的時間裡，一起玩轉在這世界給的所有驚喜中，在前進的路上保持最佳狀態，只內存不內耗。當沒空理雜事時，心就會真正的幸福愉悅起來。電影《刺激1995（The Shawshank Redemption）》裡有句話特別適合山雞椒「有些鳥兒是關不住的，因為牠的每一根

羽毛都在閃耀著自由的光芒」。你是山雞椒嗎？或是你身邊有山雞椒小夥伴嗎？走吧！讓我們一起冒險去！！

・心靈能量：無懼世事，隨心所欲。

摸香解析

摸出四支精油，山雞椒出現在四個不同位置時，依次的解釋為：

1 外在

自在無拘無束地做自己，不在乎他人的評價，自信、活力，也耀眼。

2 內心

對於某些事的結果，心裡還是會有點在意他人的看法，但表面上很有自信。

3 潛意識

很渴望不要在乎他人的評價及態度，想要隨心所欲的照自己的方式去面對及處理，對於現狀有點退縮。

4 解決方法

想要不在乎但一下子有點難，試試調整心境，允許讓自己放肆一下，允許在不完美中找到出路。

香氣解套法

① **驅趕焦慮，想輕鬆自在時**

山雞椒＋岩蘭草＋杜松漿果＋橙花＋甜橙

② **給予溫暖的支持，有勇氣面對現實**

山雞椒＋古巴香脂＋冷杉＋百里香＋葡萄柚

從香氣喜好分辨不同特質

喜歡山雞椒香氣的人
內心隨心所欲，不喜歡被制式的生活模式拘束著，一點小事就能滿足而開心。

不喜歡山雞椒香氣的人
喜歡一些框架，覺得這樣是安全的，不喜歡意料之外的事發生，討厭有太多變化，這會帶來恐慌感。

黑雲杉 *Black Spruce*

相信真實的
自己

　　黑雲杉也叫沼澤雲杉，生長在加拿大魁北克嚴寒地區，抗寒性極佳，一般可存活300年左右。樹枝非常堅固，可以承受整個冬季上百公斤的大雪和冰凍。它的根可以紮到地底很深的深處，樹木長得非常高。具有補強耗損生命力的能量，對於過度內耗自己而感到惶惶不知所終、找不到方向的現代人來說，是個很棒的暖寶寶。

　　適合與柑橘類、花朵的香氣調和，作為空間擴香或除異味用油。因具有極佳的水溶性，可直接使用在蒸氣浴或泡澡。

在身體療效上

黑雲杉精油也是一種高級按摩精油，可混合乳香、花梨木、馬鬱蘭、冬青、檸檬草、薄荷，加上植物油稀釋使用。特別適用在恢復身心疲勞、舒緩肌肉疼痛、改善血液循環有極佳的放鬆效果。而腰部痠痛、坐骨神經疼痛、關節炎，杉樹也都有支撐及消炎止痛的功效。

另外，這樣暖心的木質香調還能快速提振身體和能量，除了改善倦怠及疲憊感，對於呼吸道症狀，比如支氣管炎、鼻塞、止咳化痰有很好的消炎及放鬆效果（可與山雞椒、豆蔻、安息香、檸檬一起使用）。目前已載入《英國草藥藥典》專家認為它是治療各種肺部疾病的理想偏方。而黑雲杉擁有調節腦下垂體的功能，能協助雌激素平衡，所以在我的胸部養護油中也有它的位置。

> • 身體想表達的語言：太急於求成、貿然前進會讓身體內耗太快，慢慢來是讓身體放鬆的最好方式，避免引起衝突性疼痛。

在心靈療效上

黑雲杉的成長期很長，能在安靜的北方森林中不急不徐、用自己的節奏慢慢地醞釀，當準備好了就可以一步到位的感覺。在冰天雪地中帶著溫暖的木質香調，就像是一團火光，給人安全的從容感及被暖暖保護的感覺。

黑雲杉能量，也很適合用在有拖延症而行動不順的人使用，「你可以慢，但是要動」，有種厚積薄發、找到一種專注的力量，而在上本書也能治拖延症毛病的檸檬香茅，其實治的是懶人症狀，就是讓他忙起來。

　　在電影《幸福來敲門》中的黑人爸爸克里斯就非常具有黑雲杉性格，在事業發展的過程還沒學會的事，他能耐著性子慢慢地一步步摸索，這中間當然也有很多來自他人的嘲諷，就如他說的「人們通常遇到做不到的事時，也會跟你說，你也做不到的」。劇中的他把執著用在了學習、分析，及堅持。

　　而大多數的人在成長過程中一定會有很多委屈及不開心，比如從小不起眼的人，或剛入社會時要學很多事而屢屢受挫的我們，又或者是剛進入一個新的家庭要學會照顧一家子也要工作的小妻子們。這些過程中都讓我們在一點點的學習、一點點的闖關中快速成長，當遇到挫折時會很需要快速恢復能量和活力、精神上的清晰感、力量和毅力、扛重、抗壓，就像黑雲杉一樣。

　　劇中有一句話我很喜歡的話，送給像黑雲杉的你們：「機會總是留給有準備的人，但那往往是努力的人剩下的」。因為幸福就在你手裡，媳婦總會熬成婆，總會為自己闖出一片天。

・心靈能量：潛力無限，大器晚成。

✸ 摸香解析

摸出四支精油，黑雲杉出現在四個不同位置時，依次的解釋為：

外在

出身條件普通，但很努力，能溫和的溝通，知道如何將自己發揮在最好狀態，有時會刷一下存在感，需要被關注。

內心

對於自己信心不太足、想得多，決定執行時需要給他點時間，或推他一把。需要認同及掌聲。

潛意識

很能吞下委屈及會忍耐，覺得自己有點卑微，不知道怎麼做才對。需要一股溫暖強大的能量，給自己安全的依靠。

解決方法

堅強起來努力找出問題，不要只「想」，要行動起來。用100種方式也要找到最後的答案。相信你自己的能力，幸福就在你手中。

香氣解套法

① **放鬆疲憊的大腦，清楚地找到答案**

　　黑雲杉＋廣藿香＋迷迭香＋胡荽籽＋薄荷

② **感覺恐慌，找不到方向**

　　黑雲杉＋岩蘭草＋歐洲赤松＋百里香＋檸檬

從香氣喜好分辨不同特質

喜歡黑雲杉香氣的人
溫和、不喜歡衝突。很有
毅力，也是願意付出的人。

不喜歡黑雲杉香氣的人
急性子，總覺得做不好
事。想得多做得少。

心輪及對應的精油

梵文｜Anahata

表達意義｜「解開心中的束縛」。

掌管｜無私的愛、愛的付出與接受、寬恕。

脈輪位置｜心肺之間。

對應身體的部位｜胸口位置，心肺功能、心因性過敏、乳房疾病。

　　心的能量是大腦的4000～5000倍。有沒有試過想著想著……居然成真了！而這前提只有一個條件，就是要有足夠正能量，讓心輪能閃閃發光。

　　心輪掌管的是無私的愛、付出與接受、寬容、原諒，

而更多是「體諒」，在心理學上有種狀態叫「投射」，當我們在釋放愛的方式時，是渴望對方也能這樣愛我們的模板，藉由這樣愛的能量轉回自己身上，才感覺原來我也被愛著。愛自己，永遠都是心輪一道不好寫的作業，太愛自己感覺會不會太自私？太付出內心又覺得有些不舒服……如何取這愛與不愛中間的平衡點，每個人心中都有不一樣的標準答案，沒有對錯。第一本摸香書裡的心輪植物，我現在看除了伊蘭外，其他的都有點苦命。

永久花
打開心門

佛手柑
看來什麼都
不缺，卻不
開心

伊蘭
奔放的
魅力

苦橙葉
就是很想
付出

　　心輪的委屈總是停留在「愛的療癒力」，不被傷害或面對傷痛時如何對待，這次我在寫心輪植物時如預期一般卡住了！我只能先停下來緩一緩，想一想。經過一次次的與自我溝通後，我才明白「愛」的力量不在於「交換」，

而是「我願意」。一旦決定付出就是全然接受，不預設結果，也不要期待收穫。因此第二本摸香書的植物，全是活脫脫的「我願意」：

香蜂草
給予最暖
心的照護

大馬士革玫瑰
強烈的愛與
熱情

橙花
簡單的幸福
與喜悅

羅馬洋甘菊
只有挖出最深
層的感受，才
能改變結局

　　一切的希望從「心」開始。「愛」是宇宙中最神奇的魔法，讓我們隨著這些帶來熱情的植物，一起走進「心」的世界吧！

香蜂草 *Melissa*

給予最暖心
的照護

　　香蜂草精油香味非常清爽，有濃郁的檸檬香氣和薄荷般的清涼味，並有殺菌、驅蟲和防腐的作用。這種香味也具有提神和鎮靜的效果，香蜂草因此也被叫做「檸檬香脂」，最早是被羅馬人引種栽培。在歐洲及地中海地區，民間應用已有2000年以上的歷史，從那時起它就成為一種盛行的草藥。

　　蜜蜂非常喜歡香蜂草，是因為把葉子搗碎後氣味香甜，常常會吸引蜜蜂的圍繞。因此香蜂草的學名*Melissa officinalis*是由拉丁文「蜜蜂」衍生出*Melissa*，而*officinalis*是暗示可以做為藥用植物，古希臘人認為香蜂草是月神跟獵神的化身，可以提升能量趕走悲傷，驅走黑色的思緒，還能避邪。

在身體療效上

香蜂草的葉片像心臟的形狀，而它對心臟也有鎮靜的作用。是天然的抗生素，除了有恢復體力的作用外，還常應用在抗病毒、慢性咳嗽、呼吸道感染、平衡甲狀腺亢進、高血壓、氣喘等等，尤其是家裡有過敏性氣喘的人是都要備著的。這種植物長久以來被作為藥用，在中東地區被用作強心劑，也就是心臟的起搏器，能緩一下緊急時缺的那口氣。

香蜂草也擅長處理情緒困擾，對於精神壓力引起的失眠或焦慮、胸悶、氣不順、躁鬱症狀都很有幫助，是各種精神疾病的首選藥草。

很多人覺得香蜂草強心又解憂，但價格確實不便宜，那是因為香蜂草含水量高，能提取的精油量非常少，因此純精油價格偏高。順帶提一下性價比極高的香蜂草純露，因香蜂草有效成份親水性極高，而且會溶解在純露中，對於身體有清熱、消炎、退肝火、安撫神經的功能，我曾親測過有次在孩子扁桃腺發炎而高燒不退時，我就在30cc溫水中倒入少許的香蜂草純露給孩子喝，一天4次，一夜睡醒後腫的位置消了而燒也退了。從此以後純露就是我家的常備品了，只要喉嚨有點疼痛就喝上一些，症狀很快緩解。

> • 身體想傳達的訊息：當內心煩亂，情緒困擾太深，會讓身體扛不住壓力，而引起多種發炎症狀。

在心靈療效上

香蜂草很受人們喜歡，除了身體狀況及心理層面都面面俱到外，他的人格魅力也是很有吸引力的。

香蜂草天生就是社交人才，擅長合作及溝通，在每個角色中都能顧全大局，多才多藝、充滿行動力，也不吝嗇於投資自己。香蜂草在金錢能量上與羅勒一樣都是很足的。喜歡在旅行中找到很多驚喜，及值得學習的新事物，或許是為了在人群中證明某些存在價值，優秀而細膩的他會很認真顧及他人的情緒及反應，反而影響了自己的生活。想讓所有事都趨於完美狀態，因而會自尋煩惱，承擔起莫名的責任及負擔，就怕做得不夠好，就這樣在一波波千絲萬縷的情緒中容易霸凌了自己。

但所幸香蜂草的人格信念就是大事化小、小事化無。當他們發現任何因糾結某些事，而讓自己發生不可控的情緒變化時，比如恐慌、驚嚇、失落感、太過悲傷緩不過來等，他們會讓自己處於安靜的狀態，先哄哄自己，安撫一下激動的內心，給予自己正向的能量，恢復到最佳狀態。

> ・心靈能量：所有的繁雜瑣事終究會過去，放開心去接收喜悅的成果。

摸香解析

摸出四支精油，香蜂草出現在四個不同位置時，依次的解釋為：

外在

是個社交魅力足
夠，優秀而細膩，
容易想得多也有顧
慮的人。

內心

容易擔憂不管是自
己的事或別人的
事，會想辦法說服
自己，但還是會忍
不住煩惱。

潛意識

內心深處隱藏著某
些焦慮，想要果斷
的解決，一直在找
平衡的方法。

解決方法

內心的過多情緒不
能解決問題，只有
行動了，即可化解
困境及壓力。

香氣解套法

① **穩定神經系統，平撫情緒（薰香）**

香蜂草＋乳香＋羅馬洋甘菊＋花梨木＋蜜橘

② **感到情緒波動劇烈後引起的失眠（擦胸口）**

香蜂草＋乳香或馬鬱蘭＋佛手柑＋苦橙葉

從香氣喜好分辨不同特質

喜歡香蜂草香氣的人

知道如何能讓自己展現魅
力。當機立斷，不受任何
事情影響。

不喜歡香蜂草香氣的人

內心戲太多，容易徬徨、
焦慮、不知所措。

大馬士革玫瑰 *Damask Rose*

強烈的愛
與熱情

　　在希臘神話中，玫瑰總與愛神維納斯一起出現，而玫瑰也代表了執著的愛意。大馬士革玫瑰，薔薇科，薔薇屬。植株可長到2公尺高，主要產區位於保加利亞的玫瑰谷。花瓣呈現粉紅色，盛開時花心會展露出來，看起來嬌柔可人。在每年5-7月採收時，必須是在第一縷陽光升起時，微開的玫瑰上佈滿了露珠，此時採收的玫瑰能量是最好的。

　　大馬士革玫瑰品種是法國薔薇（學名：*Rosa gallica*）與麝香玫瑰的混合品種。這二款玫瑰都是氣味出眾的品種，這也造就了大馬士革溫潤而又迷醉的香氣。玫瑰精油的化學成分是最複雜的精油之一，已知成分超過300多

種。玫瑰精油主要的化學成分以單萜醇為主，包括香茅醇、苯基乙醇、香葉醇。

在身體療效上

玫瑰不只香氣誘人，所具備的身體療效也很全面。在情緒上能激勵腦內啡，促使多巴胺的形成，讓人有幸福及興奮的感受，能舒緩過度緊繃及壓力。身體療效上能補強神經系統，對抗皰疹病毒、幫助身體循環、改善心臟及心悸問題、滋養肝臟。有子宮調節功能，能改善女性荷爾蒙問題，還可幫助催情，故其極為名貴，素有「液體黃金」之稱。

雖然價格昂貴，但它的確是身兼多種用途，同時也是使用在皮膚上效果最好的精油之一。例如能淡化斑點、促進黑色素分解、滋養、抗衰、穩定皮膚狀態、勻亮膚色。對於皮膚抗氧化、回春，以及乾燥、細紋、熟齡的肌膚都有很好的調養功效。但這不是因為「擦上」，而是因為「聞到」。經過科學的研究，腦下垂體裡的壓力荷爾蒙會因為長期壓力，導致身體裡的水份迅速下降，而玫瑰內含的苯乙醇、沉香醇，經由嗅覺神經觸動腦下垂裡的可體松上升，就會解除大腦壓力，緩解這個症狀。所以針對壓力族群要讓皮膚水噹噹，用聞的會更有用喔！

除了精油外，大馬士革玫瑰的純露也是一絕！玫瑰純露對於乾燥皮膚的保濕，及眼睛疲累造成的結膜炎都有很

好的幫助。食品級的玫瑰純露是可以飲用的，只要用溫水調和稀釋，可改善內分泌系統和幫助肝臟的排毒，這些目前都已被廣泛使用。

> • 身體想傳達的訊息：在情感上過多付出沒有得到回饋，容易導致肝鬱氣滯、心律失調、內分泌不平衡。

在心靈療效上

玫瑰品種就有上千種，每種玫瑰的療效都大同小異，有的會在皮膚上多加把勁，有的處理婦科問題強一點。而氣味濃淡也會影響到情緒，不過都跟女性在感情上有很大的連結。因為女人是感性的，對於情感只關注在愛與不愛，所以如何在愛情中獲得掌控的能力而不迷失，我想是很多女性想知道的答案。

一個最具代表的人物，世界上最早的玫瑰代言人埃及豔后（Cleopatra）就是標準的玫瑰女王，渾身瀰漫著迷人的玫瑰香氣，可見對自我精緻的要求。而傳說中魅惑凱薩大帝及吸引安東尼將軍，也是利用玫瑰香氣來達成目的。埃及豔后的性格也像極了玫瑰女王，與其說她執著於「熱情的擁有愛情」，換個角度來說，其實她在任何時刻都很理智。懂得借力使力，取自己最需要的，巧妙地善用自己的優點來達成目標。就是這樣極具張力的熱情與勇敢表達自己想要的愛情或感受，擁有智慧與美麗並存，你說這樣

的女人在愛情中怎麼不讓男人瘋狂呢？

　　玫瑰特別適合長期在情感中被壓抑而悲觀的女性，明明已經夠卑微、夠付出、夠忠誠了，為什麼還是沒有幸福的感覺？這類人非常需要不顧一切，為自己找到存在的意義或補足某種匱乏感，以及想要又不敢要的愛情。這時，柔軟又驕傲的玫瑰女王會帶我們找到需要的力量。敢於追求、敢愛敢恨，快速消化情感中產生的沮喪、悲傷、嫉妒、憎恨的負面情緒，淨化因期待而悲傷的心靈，具有擅長處理愛情問題的救贖能力，這就是玫瑰專有的療癒特質。

・心靈能量：我一定要幸福，因為我就想要！

摸香解析

　　摸出四支精油，玫瑰出現在四個不同位置時，依次的解釋為：

①外在

處於一個很不錯的環境中，光鮮亮麗。有智慧、個人魅力十足，擅長掌控全場。

②內心

熱情地展現自己，有些掌控慾，沒有得到應有的回應會煩躁不安。

潛意識

渴望在情感中肆意地做自己，無所畏懼地展現魅力，及有智慧找到對自己最有利的方式。

解決方法

大方展現自己，不要逃避。是自己想要的就勇敢去爭取。

香氣解套法

① 享受眷戀（薰香或10cc精油瓶稀釋當香水用）

　　玫瑰＋檀香＋廣藿香＋葡萄柚

② 散發魅力（擦下腹）

　　玫瑰＋玫瑰草＋玫瑰果油

從香氣喜好分辨不同特質

喜歡玫瑰香氣的人
擅長平衡所有局面，大方有格局。熱情有活力、充滿魅力。對於想要的不會輕易放手。

不喜歡玫瑰香氣的人
渴望擁有自己想像中的幸福，但又害怕受傷害，容易退縮，在要與不要之間拉扯。

橙花 *Neroli*

純粹的幸福與喜悅

　　相傳在17世紀，義大利一座城堡的花園裡，一棵橙樹上開滿了像小天使一樣的白色花朵，飄著陣陣的清新香氣。那時恰好有位公主路過被這香氣吸引，連忙讓人把花朵取下做成精油及純露用在日常生活中。為了能時時刻刻都能聞到這香氣，也在手套上沾滿了橙花的精油。這位公主就是Neroli，因此這潔白的小白花就以Neroli而命名。

　　橙花精油來自於苦橙樹，蒸餾萃取的橙花油氣味輕盈中帶點葉片與花朵的混合香氣，一絲絲苦味有種淺淺的優雅感。而溶劑萃取的更偏向清甜細緻的花朵香。

在身體療效上

除了用在皮膚上幫助提亮膚色、平衡油脂外，也可用於治療失眠、神經性疼痛、偏頭疼、腸胃不適，還可放鬆肌肉等。

橙花具有驚人的安撫心靈創傷及身心疲憊的效果。還有一個特性就是能「滅火」，滅肝臟之火，止憤怒，抗沮喪。所以也是安撫大老闆的專用油，適時填補大老闆的不安全感、釋放壓力，安撫內心隨時湧出的不愉悅，還能不動聲色地提升穩定能量。

> • 身體想傳達的訊息：內心不被認同或不被尊重時，會因為委屈而引起憤怒，需要被讚許。

在心靈療效上

如果說玫瑰是霸氣王后，那橙花就是個單純的小公主了。出身尊貴、驕傲、自信又甜美。雖然人人都愛她、關注她，但她卻不是個容易自我滿足的人，愛跟自己較勁，而且很努力表現，不會去為難別人但常常跟自己發火，這對她來說也是很困擾的事。或許她想獲得的就是對自我的認同，及他人關注她的付出。

每個公主的隱藏能量都是個未來的女王，冰雪奇緣中的安娜公主就有這樣的特質，從小就活在家人的保護下，因此養成了活潑開朗、樂觀、執著的性格，即使跟姐姐有

些矛盾，內心也有說不出的委屈，但為了守護國家，不服輸的那股勁，一路上衝鋒陷陣，居然莫名的突破很多困難，而且一直對姐姐不離不棄，最後一起解救了冰雪王國。

橙花公主不像玫瑰、茉莉那般魄力十足、魅力四射，但卻有顆簡單而澄澈的心，因為心思單純，極力做好每件事而不邀功，她的勇敢無懼只是因為相信美好，對於「愛」她們隨時隨地都準備接收，也可以輕鬆地釋放。

橙花精油讓人可以感受到生命的豐富，但又能從中感到純真的力量。所以如果你跟以前的我一樣太過堅強、不愛求救、太獨立，就讓橙花精油來啟動你的身體訊號吧！從淡雅的氣味開始，重新用孩童般的單純好奇心，面對這個世界。

•心靈能量：正視內心的選擇，尋獲簡單的幸福感。

摸香解析

摸出四支精油，橙花出現在四個不同位置時，依次的解釋為：

外在

甜美自信,被幸福圍繞的小公主,希望所有人都能幸福及喜悦。

內心

善良的看待很多事,期待能被寵愛著,不需要自己獨立承擔一些煩心的事。

潛意識

經過了一些事件,雖然堅強面對現實,但有點焦慮了。很渴望被照顧著,也期待簡單的幸福。

解決方法

或許外在的壓力會讓你忘了內心該有的純粹幸福,試試撿回你的好奇心,不用理所當然的去面對所有事。

香氣解套法

① 寵愛自己(薰香)

橙花+檸檬+岩蘭草

② 好運與財富(薰香)

橙花+胡荽籽+佛手柑+甜橙+岩蘭草

從香氣喜好分辨不同特質

喜歡橙花香氣的人
容易感受幸福，生活中的
每件事都能輕鬆以對。

不喜歡橙花香氣的人
被一些瑣事煩惱著，也或
許因為某段感情的創傷，
不願意相信幸福是甜美、
可獲得的。

羅馬洋甘菊 *Roman Chamomile*

花逆境中生在的力量

　　羅馬洋甘菊，菊科，春黃菊屬。花莖柔軟矮小，羽狀葉子，重瓣白花，帶有濃郁成熟蘋果氣息，古希臘人稱它為蘋果仙子，多生長在法國等溫帶氣候地區。也被稱為植物的醫生，因為它能間接治療旁邊的植物，讓它們能很好的生長。

在身體療效上

　　人們使用羅馬洋甘菊的歷史超過200多年，因為作用溫和又能迅速放鬆，更擅長釋放深層的壓力、疏通糾結的肌肉，具有緩解各種疼痛、腸胃痙攣、女性經前症候群的功效。另外它對各種發炎症狀都有很好的清熱效果。這裡

的炎症，指的不只是身體的火，還有包含情緒上的火，比如極度焦慮和暴躁、缺乏耐心、躁動、對事物敏感及恐慌，不管擦或嗅吸羅馬洋甘菊都能發揮很立即的療效。

　　羅馬洋甘菊也是冶療皮膚過敏、濕疹、蕁麻疹重要的精油之一。若手上沒精油時可用純露溼敷，能緩解搔癢、紅腫，效果也很不錯喔！

> • 身體想傳達的訊息：不及時卸下壓力，長期累積後的結果，將在身體各部位一發不可收拾。

在心靈療效上

　　印象中大多數的個案中，關於皮膚的問題總是要耗費更多的時間來療癒，因為都來自於長時間的「情緒埋藏」。

　　我有一個小小個案，年紀才10歲左右，從小腸胃弱，也有蕁麻疹的問題。本來只有身體發疹子，後來臉上也開始了，媽媽非常緊張及焦慮，想盡所有方式都解決不了，後來想試試精油是不是能有幫助。

　　那天我在幫小朋友調精油時，順便讓孩子聞了香氣，讓他選擇「喜歡及不喜歡」，結果他極度討厭薰衣草及羅馬洋甘菊的氣味，卻喜歡萊姆及冷杉。這讓我有點驚訝，問了問他發生了什麼事？他說：「我不喜歡爸媽吵架，尤其是為了我吵。但我又不能表達什麼，想哭又不敢哭，後

來我發現只要皮膚長很多小點點很癢時，父母就會停止爭吵，說話變得溫和還會陪著我。所以我覺得這樣的特異功能很棒呀！就是很癢會一直抓，但我覺得可以忍耐。」媽媽聽完張大眼睛，驚訝到說不出話，眼淚在眼眶中打轉。原來情緒疾病是可以被養出來的！而且無藥可醫。

後來我觀察了多數的個案，在春秋兩季發疹子特別厲害的，都有一種特性，就是覺得委屈而長時間隱忍的人，不敢去挖掘或切割，因為怕傷害、怕事情變得更糟。這讓我想到了把委屈和著食物一起吞，讓喉輪及胃輪容易損傷的人。

心裡的傷，要找到開關打開才能做治療。而菊科植物就擁有這樣療癒的特質，協助人們找到對的方式去化解，比如永久花（做好準備的打開及接受）、藍艾菊（疏通溝通的管道，願意交流）、羅馬洋甘菊（鬆開壓箱底的壓力及焦慮）、德國洋甘菊（清除無法訴說的心慌）。

· 心靈能量：挖掘出深藏的感受，溫和地化解，改變結局。

 摸香解析

摸出四支精油，羅馬洋甘菊出現在四個不同位置時，依次的解釋為：

外在

是個細心有愛的人，習慣性照顧其他人，遇到恐懼及擔憂會面對及化解。

內心

心裡有個埋藏的委屈及壓力，很努力想攤開來解決掉。

潛意識

覺得渺小而脆弱，有深層的委屈不知道能找誰訴說或解決，也害怕被發現自己的無力感。

解決方法

把內心最深的不愉快一層層釋放，不要養著恐懼及壓力為難自己，勇敢「切割」也是一種方式。

香氣解套法

① **迅速放鬆、舒眠**

羅馬洋甘菊＋橙花＋檸檬＋岩蘭草

② **孩子需要的溫柔**

羅馬洋甘菊＋岩蘭草＋天竺葵＋甜橙

從香氣喜好分辨不同特質

喜歡羅馬洋甘菊香氣的人對自己的情緒釋放有度，也能協助他人解決情緒問題。

不喜歡羅馬洋甘菊香氣的人壓抑著情緒，不知道如何面對，也找不到機會解決。

喉輪與對應的精油

梵文│Vishuddha（吠舒烏達）

表達意義│「純潔」。

掌管│溝通上的創造力、說服力、適當的表達。

脈輪位置│喉嚨中央的位置。

對應身體的部位│肺、喉嚨、支氣管和聲音、甲狀腺、肩頸疼痛。

　　其實你有很多事情想說，但不敢說，怕說錯話。累積久了，呼吸道就容易堵塞、卡痰、發炎、咳嗽，這是常有的事。說出來的話怕要承擔責任、想很久說不出來，或堅持自己的表達模式、一直想說服他人等，肩頸的疼痛就會

提醒你，該放下堅持，或別想這麼久了。

每個脈輪都藏著不同的委屈，喉輪的委屈來自於說不出口的委屈，及無辜的妥協。喉輪也貫穿了承上啟下的功能，從臍輪（與親密夥伴真正的溝通），到胃輪（能勇敢的表達嗎？）、心輪（為什麼要口是心非？）、眉心輪（就是想，不知道怎麼說才對），這一環扣一環，都在我們的生活中無限次的重複發生。

在這個世界上生存，有些事確實無法隨心所欲。在不同場合要說不同的話、如何婉轉表達、要不要有話直說，都取決於當下面臨的環境。只要記得在獨處時要回回神，回到你是怎樣的你，把吞回去可能造成委屈的語言，或覺得抱歉但卻說不出口的話，用文字寫下來唸一次，這是一個能迅速讓自己不堵心也不堵肺，還能放鬆肩頸的好方式。

第一本摸香書裡的四種喉輪植物精油，針對的是與外界的溝通模式，調整人際互動效率：

茶樹
學習抽絲剝繭
找到答案

尤加利
重新啟動，
快速解決

豆蔻
解除迷茫

羅文莎葉
勇敢地拒絕

　　而第二本摸香書裡的四種植物，它們想表達的是與自我內心溝通，說與不說、聽與不聽、怎麼說及聽自己才會舒服的接受及對應：

馬鬱蘭
聽聽自己
的聲音

香桃木
拋開壓抑的
情緒，正視
自己

麥蘆卡
化解所有
悲傷

桉油醇迷迭香
肆意灑脫，
暢所欲言

　　來看看這四種植物，想要讓大家知道什麼事情！

馬鬱蘭 *Marjoram*

易敢表達自我

　　馬鬱蘭長相纖細，種子細小，風吹就散，看來弱小，繁殖力卻很強。氣味溫暖，青草味中帶著點香料，像似薄荷又有胡椒味。就是這抹暖心的特質，給予人在寂寞時一些支持及安慰。

　　馬鬱蘭也是一種古老的藥草，從古埃及人就開始使用它來製作油膏香水，並將之獻給神索貝克（Sobek）。在希臘神話裡，馬鬱蘭是愛神阿芙蘿黛蒂（Aphrodite）碰觸過的藥草，被認為是女神送給人類幸福與愛的禮物，對希臘和羅馬人而言是快樂的象徵。

　　精油萃取自整株植物，屬於多分子植物，也因為氣味溫和與豐富，與不同的植物搭在一起都有出色的效果。在

調香時，適合幫太過濃郁氣味的植物找到平衡點，讓整體氣味不至於太張揚。

🌾 在身體療效上

馬鬱蘭精油含有豐富醇類成分，除了有茶樹的抗菌效果，也增加了安撫的屬性。除此之外，對於身體上的激勵作用、放鬆、舒緩效果都很顯著。比如常見的肌肉關節疼痛、慢性發炎，可以用馬鬱蘭搭配乳香、迷迭香、檸檬草、歐白芷根、冬青、薄荷，加上植物油塗抹。如果是循環不良引起的，可加上幫助循環及活血的黑胡椒、薑。在消化系統上，腸胃的躁動不安與漲痛，可試試馬鬱蘭加上生薑、甜茴香、綠薄荷，稀釋後塗抹在肚子上。在呼吸道上，馬鬱蘭可幫助呼吸道放鬆，適用於呼吸道阻塞及消腫，能保持所有方面的通暢（生理或心理上都行）可以加上冷杉、檸檬、山雞椒、尤加利，薰香或稀釋塗抹都行。

也因為馬鬱蘭能主導平衡，因此在安撫神經系統上也很突出，比如幫助睡眠。馬鬱蘭＋苦橙葉＋羅馬洋甘菊，放鬆身心效果明顯。但需注意馬鬱蘭夜晚不可大量使用，容易讓人隔天有昏沉沉的感覺。

> ・身體想傳達的訊息：因為急躁，太想成事容易讓身體呈現發炎及瘀堵狀態。

在心靈療效上

如果沒藥是節制精神層面的慾望，那馬鬱蘭節制的就是生理層面的慾望。現代人總有忙不完的事情，在快節奏下常用「速食歡樂」來回饋、放鬆努力後的自己。我也曾經嘗試過這樣的生活，為了證明自己的能力而努力工作後，喜歡選擇不須大腦思考的放鬆行為，比如唱歌、喝酒、跳舞、嘴巴吃不停及無意識的買買買。一段時間後，這樣慢不下來的放鬆節奏，帶給我的快樂指數卻不高。時間越長，內心的匱乏感就越大，我開始在想以前看看書、發發呆，這樣簡單的幸福感去哪了？

在成長過程中我們總是在意別人對我們的觀感，存在的價值都在他人的評價上，他人的讚賞會讓我們莫名的開心。卻從沒認真問過自己需要什麼、快樂嗎？是自己想要的嗎？有句秘魯的諺語我覺得超棒，「走得太快，靈魂會跟不上」，看到這句話我都笑了，是呀！不管在工作、感情、疾病、與人的相處上，我們都太急於有結果、有效果。彷彿放下腳步、耐心等待會錯過什麼一樣。或許這也是一種安全感的缺乏吧！

馬鬱蘭會用一種溫暖撫慰的力量，讓我們的生命節奏逐漸放慢下來，而這樣的慢不是拖杳，而是讓心理的腳步放慢。不偏執、不焦慮去完成任務。還能在從容不迫中找到不同的答案。

馬鬱蘭的氣味可以滋養我們內在的匱乏感，找到生活

的力量，讓內心感到安慰和滿足，幫助我們輕鬆接受自己的不完美，接受真實的自己，不在乎他人的評價，即使改變不同路線，也能找到自己的價值。

這樣慢慢來的植物特別適合急驚風、一言不合就上火，以及總需要備把梯子才能下臺階，很愛面子的人。面對這樣的人講道理是沒用的，那就用馬鬱蘭薰薰他們吧，會有小驚喜喔！

· 心靈能量：全然接受自己，不需要等待被認同，你說了算。

摸香解析

摸出四支精油，馬鬱蘭出現在四個不同位置時，依次的解釋為：

1 外在

喜歡自己做的任何決定，也接納自己任何的狀態。

2 內心

鼓起勇氣接受自己的改變，相信一切會越來越好。

潛意識

想說服自己、喜歡自己的決定及方向很重要。想要鼓起勇氣來溝通。會擔心他人的不認同。

解決方法

你是個有能力也有創造力的人，相信自己的價值，就會有人認同你。

香氣解套法

① 創造積極的辦公氛圍

馬鬱蘭＋尤加利＋迷迭香＋檸檬＋廣藿香

② 活在當下，放慢腳步

馬鬱蘭＋古巴香脂＋橙花＋佛手柑

從香氣喜好分辨不同特質

喜歡馬鬱蘭香氣的人
在不同的環境中能夠捕捉到自己的價值感，發揮有度，情緒穩定。

不喜歡馬鬱蘭香氣的人
節奏過快，很容易模糊焦點，找不到自己的方向，情緒起伏不定。

香桃木 *Myrtle*

為愛而生。
迎風而上

香桃木是桃金孃科，香桃木屬。來自摩洛哥，生長速度較慢，個頭也小。葉子有著非常好聞的清新香氣，用手搓揉一下，散發出來的氣味讓人神清氣爽。

而人們喜歡用香桃木來形容美好的事物，或許是因為香桃木與古希臘的女神維納斯有關，因此香桃木也象徵女性愛情、美麗、好運、生育。1840年，維多利亞女王嫁給了阿爾伯特親王時，她的花束也包括香桃木，據說因香桃木常綠，故取其永恆之意。

在身體療效上

香桃木對於上呼吸道、支氣管和肺部等呼吸系統感染

疾病時助益很大。能收斂痰液或過稠的黏液，在這裡我會用的配方是：香桃木1＋澳洲尤加利1＋山雞椒2，薰香或稀釋後擦上。這配方即使是用薰香也能抗菌、抗病毒的擴張，但要注意的是有乾咳症狀時不適用（桃金孃科的植物不適用於乾咳）。除了呼吸道外，將香桃木用於長期內耗而引起的肌肉疼痛也很管用。另外，對於調節泌尿系統，比如緩解膀胱炎、減少白帶、緩解排卵期的疼痛，或與伴侶溝通不良引起的婦科問題也有幫助。

> • 身體想傳達的訊息：當自我情緒內耗過大，無處釋放又不願和解或溝通時，呼吸系統及內分泌會引發出一些不適，等待我們去解決。

🌿 在心靈療效上

香桃木是個氣味偏快的精油，能調整我們過慢的情緒及行為。帶著風的翅膀，坦率、爽朗，非常適合「不著急先生及小姐」使用。

你身邊有這樣可愛的人嗎？常常會把急驚風搞得快要高血壓的人。其實這些人的行為或言語表達偏慢，不是因為他們不急，而是想要給大腦一點緩衝時間。因為他們求完美，深怕一個太衝動會後悔。而這樣慢慢來的性格也是長期被養成的，可能習慣性壓抑自己的心情，或身邊都是滔滔不絕的人，根本插不上話。也或許需要保護自己，或

需要保證不會犯錯。長期下來，大腦的接收器就會在收到訊息時弱化它，思考過程就會變長。沒有什麼不好，就是想太久會讓勇氣及衝動磨沒了，而錯過了很多人事物，尤其是感情有關的事。難道事後他們不會後悔及遺憾？其實會的，而且時間會拉很長。有時這樣的事累積多了，反而還會開始對自己生氣。甲狀腺低下也會因為這樣隱忍的情緒而來。

香桃木可協助打開與自我內核的對話，甩開長期壓抑的憤怒，平復當下情緒。當有委屈時不要習慣當沒事，讓自己一直在往後退。利用植物香氣的力量為自己找個出口吧！我喜歡用乳香＋花梨木＋香桃木＋月桂＋佛手柑＋薄荷薰薰自己，激起改變的勇氣，也給自己來個衝動的冒險之旅！

・心靈能量：調整壓抑的情緒，挖出不舒服，綻放熱情。

摸香解析

摸出四支精油，香桃木出現在四個不同位置時，依次的解釋為：

外在

觀察力強、反應快速，但不搶戲。坦率俐落，表達愛時很直接，容易委屈。

內心

想要的會執著要完成。但因想得比較多，有說不出口的壓力。

潛意識

需要跟自己深度的溝通，找出隱忍的原因，也要很勇敢的改變。

解決方法

先認可自己，包容所有不完美的一切。調整心態，放開腳步，跨越設置的界限。

香氣解套法

① **自我和解**

香桃木＋廣藿香＋馬鬱蘭＋佛手柑＋甜橙

② **開啟勇敢，大步前進**

香桃木＋岩蘭草＋尤加利＋粉胡椒＋檸檬

從香氣喜好分辨不同特質

喜歡香桃木香氣的人
擅於創意溝通，不會委屈自己，速戰速決。

不喜歡香桃木香氣的人
過度在意別人的看法、要求完美、想太多、行動較慢。

麥蘆卡 *Manuka*

勇敢的面對
所有關卡

　　麥蘆卡，也叫松紅梅，是紐西蘭及澳大利亞獨有的桃金孃科植物。生命力頑強，生長於貧瘠的高海拔地區。開花時整片或粉或白的花朵佔據著一大片區域，而這片耀眼的顏色，也吸引著蜜蜂來採集花蜜，頗負盛名的麥蘆卡蜂蜜就是這樣來的。

在身體療效上

　　麥蘆卡精油萃取自葉片，故有一種濃烈的青草混著樹皮的香氣。抗菌能力是茶樹的20～30倍。植物中含有特殊的倍半萜烯、倍半萜酮、倍半萜醇。適用於身心較脆弱的人，以及呼吸道的長期保養及調節免疫系統。對關節

炎、痛風、泌尿道、腸胃調養都有其功效。雖然大部分的精油功能大同小異，但因麥蘆卡化學分子輕、柔、慢的特性，對於過度敏感的神經系統，和那些容易緊張和焦慮的人十分有益。另外還可以使皮膚神經放鬆以及細胞活化再生。麥蘆卡對於敏感的皮膚，尤其是搔癢、痤瘡、真菌感染、潰瘍尤其有優勢。

- 身體想傳達的訊息：身體給的反應都是因為心裡有話要說。願意說，也願意聽，才是修護身心內傷的最好方式。

在心靈療效上

麥蘆卡溫和包容，能平穩處理細節，承受所有悲傷。適合在面臨巨大傷痛而責怪自己時（比如親人的驟然離世）；或兩性關係上遭受挫折，想重新啟動卻沒信心；或對自己期許很高，在人際上又有點壓力的人。這樣的問題用乳香、麥蘆卡、佛手柑、快樂鼠尾草稀釋後擦上胸口，會協助溫和的調整及面對，一點點的溶解傷痛，讓我們放掉來不及的過去。如果伴侶間因為溝通的問題導致泌尿道不適，茶樹也無能為力時，就試試麥蘆卡吧！它能釋放內心的無力感，撫平說不出的悲傷，滅身體的菌，也滅心裡無止盡的情緒菌。

- 心靈能量：擁有柔軟的表達能力，突破層層心理屏障。

案例

軟化小男孩身心的麥蘆卡

有一次案例中，我把麥蘆卡用在情緒衍生的皮膚問題，結果讓我很驚艷。那是一個14歲男生，小時候因為弱小被同學霸凌，長大後看似能保護自己了，但在一次心情低落，引起嚴重頭皮脂漏性皮膚炎。我才發現，原來他內心還是很脆弱，只是外表假裝強大，覺得自己能扛住，也愛面子。治療的過程中，用了藥很長一段時間，但時好時壞。後來壓不住了，媽媽來求救，我們用了無數的配方都無法根除。最後在一次與孩子深聊中，我才發現他對學校的某些人、事還是會抗拒。這次頭皮的問題恰好讓這些人遠離他，他也樂得輕鬆，但卻急死了家裡的大人們了。後來我想到了麥蘆卡極佳的抗感染及療癒功能，決定試試，配方如下：洗頭前先用麥蘆卡＋雪松＋古巴香脂＋薰衣草各一滴，稀釋後按摩頭皮（溫和的殺菌及軟化他內心的壁壘）。10分鐘後再洗頭。也在洗髮精內加了雪松＋迷迭香＋薄荷（去屑外也讓他清晰地面對事件）。另外每天會薰些放鬆情緒的用油，並多抱抱他（雖然他很抗拒）。經過一個月的努力，生理和心理雙管齊下，惱人的頭皮問題總算圓滿解決了。雖然皮膚表面的問題解決了，但情緒上還是要觀察及調整，避免反覆發生。

摸香解析

摸出四支精油，麥蘆卡出現在四個不同位置時，依次的解釋為：

1 外在

看似不在意發生的所有事，卻時時關注動態。心細也樂意當協調者。

2 內心

細心聆聽他人的聲音，內心有獨特及溫和的溝通方式。目前有些困擾或煩躁想解決，卻不一定能表達出來。

3 潛意識

渴望調整現在面臨的狀態。有些過去累積的事件，覺得疲累也無奈，努力想掙脫及放下。

4 解決方法

你是個善良的人，嘴硬心暖，想用最溫和的方式來解決問題，雖然有很多不願意，但如果放手會讓未來更好，就要勇敢一點了。

香氣解套法

① 療癒內心脆弱的小孩

麥蘆卡＋乳香＋茉莉＋黑雲杉＋天竺葵＋蜜橘

② 當心覺得塞住時

麥蘆卡＋乳香＋永久花＋安息香

從香氣喜好分辨不同特質

喜歡麥蘆卡香氣的人
是可以長時間相處的人，
容易包容所有事，再難的
事也會用溫和的方式一一
化解。

不喜歡麥蘆卡香氣的人
感覺很強大，但內心深處
還是個脆弱的孩子，需要
被諒解，也想被溫柔以
對。

桉油醇迷迭香 *Rosemary CT Cineole*

讓美好的記憶
一直留在

　　寫到迷迭香時我特別興奮。這個植物簡直萬用，迷迭香的品種也多，各有不同的療效及心理情緒，而本章節介紹的是「桉油醇迷迭香」。

　　相傳迷迭香在中國很早就有了，雖然它原生在地中海沿岸，但在魏晉時期就通過絲綢之路傳入了中國。是最早使用的藥用植物，用於醫療、烹調、祭祀。長得高大粗壯，氣味清新，是很有價值的藥草。

在身體療效上

　　精油萃取自整株開花植物。桉油醇迷迭香內含極高的桉油醇，酮類含量極少，因此適合用在嬰幼兒身上。能舒

緩傷風及流行性感冒，對有抗藥性的細菌有強效抑制力。
而且能促進血液循環，在針對慢性支氣管炎時，可消除黏
液、除濕、疏通呼吸道。腸胃部分可養脾除濕，解除消化
不良、脹氣及胃痛。而且可以排除女性經期水份滯留症狀
（水腫），舒緩經痛及改善流量過少。建議在身體按摩
時，加點迷迭香可以去氣結，舒緩疲勞，使過度僵硬又過
勞的肌肉重新調整恢復活力。在皮膚的使用上具收斂效
果，能緊實鬆垮的皮膚，減輕皮膚充血及浮腫，對身上的
橘皮、肥胖也有幫助。桉油醇迷迭香有活化腦細胞功能，
因此能集中注意力、增加記憶力，薰香或頭療時加上迷迭
香可恢復腦神經活力，因此對失智症很有幫助。

　　當肌肉發炎時，可試試4滴迷迭香滴在冷水中做冷
敷。運動前將迷迭香加植物油，輕輕按摩肌肉增加循環，
能為暖身做準備。針對頭髮時，可將迷迭香加上薄荷做頭
皮按摩，對於刺激毛囊、減少頭皮屑有明顯效果。

> ・身體想傳達的訊息：一成不變的生活，容易養成過度僵
> 硬的身體，失去熱情的靈魂。

在心靈療效上

　　迷迭香精油能重建熱誠與自信心。非常適合用在生活
平淡、太有規律等一成不變環境中，或是為冷漠的人找回
對生活的熱情。也有一些年輕人，對於自己的未來徬徨沒

有目標，習慣用封閉自我或線上遊戲來麻醉自己。善用迷迭香或許能找到啟動外界的開關喔！而迷迭香也是孩子們最愛的創意機靈油，孩子常待的地方都能多薰薰。我喜歡的配方：迷迭香2＋黑胡椒1＋薰衣草1＋薄荷3，在房間內薰香，可以激勵正面的動力，擁有熱情與好奇心，去探索人群及有趣的世界。

迷迭香對於人類啟動大腦，及保存記憶會很有幫助。但人們都只想留下美好的記憶。或許在科學發達的現代，不管用什麼方式都沒法真的像失憶一樣，忘掉傷痛及遺憾。這時來點迷迭香這雲淡風輕的氣味吧！或許能讓我們專注在最美好的當下，不去計較太多的得與失，允許自己「放開心」就是對大腦最好的療癒，也能擁有最美好的記憶。

• 心靈能量：解放框架中的自己，肆意灑脫，暢所欲言。

🌾 摸香解析

摸出四支精油，迷迭香出現在四個不同位置時，依次的解釋為：

外在

充滿熱情，不給自己設限，也很有活力。

內心

還是有些傳統的框架影響著，熱情還是有的，只是很想要跳脫，想激盪些不同的方式。

潛意識

渴望不要有來自外界太多的拘束或壓力，能夠輕鬆的面對所有，暢所欲言。

解決方法

渴望灑脫的解決嗎？那就必須直接的面對，快刀斬亂麻，會得到清晰且快速答案。

香氣解套法

① 男人會愛的放鬆味道

迷迭香＋雪松＋檸檬＋薄荷

② 刮刮頭用油（稀釋使用）

迷迭香＋乳香＋尤加利＋柑橘＋薄荷

從香氣喜好分辨不同特質

喜歡迷迭香香氣的人
是個直率、有創意、不藏秘密的人。越在艱難的環境越能展現自己。

不喜歡迷迭香香氣的人
被舊有規則和自律框住了，容易猶豫、沒效率，害怕快速變動。

眉心輪與對應的精油

梵文｜ajna

表達意義｜「無限的力量」。

掌管｜第六感、直覺力、藝術、創意和想像力。

脈輪位置｜兩眉中間。

對應身體的部位｜五感官系統、大腦和前額，以及學習障礙。

　　「對自己的期待」這是我觀察了眉心輪很久，對它下的定義。這次寫到眉心輪時，我一路與自己較勁，每天腦袋都會蹦出很多植物角色的對話框，及無數熱鬧的畫面（連做夢也是，還要忙著解夢）。看似落筆就能無誤的植

物，卻折騰我一改再改，好多想寫進書裡，又怕讀者消化不了我的天馬行空。

在那時，我覺得自己很像生命靈數裡的九號人，有夢想卻一直在找快速到達的路徑，有點懶又害怕龜速，反正就是跟自己內卷，直到把四種植物落實了，心也就踏實了。

眉心輪代表直覺、第六感、創造力。在清醒時最直接影響的是「眼睛」，感受到時是否會有點視力模糊感或眼皮微微跳動或扎扎的？我的體驗是：左邊是工作（未來），右邊是情感（當下）。如果你的眉心輪夠靈敏，可以嘗試針對某件工作的事，或對一個人有些感受時，試試眉心輪傳給你的暗示：是影響當下或未來？是為情所困，還是職場上的較勁？類似這樣開發出自己的感知力，也是一件很有趣的事。

第一本書眉心輪的四種植物，講述的是「找到別人期待的自己」，因為被喜歡也是一件很重要的事。感覺不讓別人失望，就是不讓自己失望。當時的植物有：

羅勒
融合與協助

葡萄柚
緊密的串連
與合作

歐洲冷杉
想得太理想
也太遠

冬青
努力生存著

這次進階版的眉心輪是「為了自己」期待的未來，是一定要成功的。被挑選出來的植物有：

艾草
夢想成真

月桂葉
勝利

昆士亞
想好就行動

小花茉莉
成為最迷人
的領導者

是不是感覺前途一片光明？請往下翻，來看看它們如何展現自己的夢想吧！

艾草 *Mugwort*

守護與庇蔭

　　夢想與真實間總是在拉扯著，艾草身為眉心輪的第一個植物，不只守護，更有滿滿的開啟之意。這股看似淡淡的香氣能量，能帶著我們一起通往「也許想想就能成真」的世界喔！

　　自古以來，很多有關於魔法能量的媒介都與植物有關，那時的人們相信植物能量很強大，除了掃除疾病、增加能量，也能利用花草來達成願望，而艾草就是其中之一。趨吉避凶是東方習俗裡常見的，在諸多藥草中，艾草在「淨化」這領域也扮演了極重要的角色。端午節的掛艾葉、飲艾酒、食艾糕、薰艾煙、洗艾浴等，祛濕驅毒的習俗不勝枚舉。

🌿 在身體療效上

艾草的淨化不只用在環境上、空間上，也用在身體上。在身體療癒中，艾草擅長通經絡、理氣血、祛濕寒、鎮咳化痰、處理循環問題或風濕性關節炎、肩周炎、提升免疫力都有其療效。對於淨化屋內的病毒傳播，及環境磁場的改善，薰香效果奇佳。

- 身體想傳達的訊息：不要只動大腦，身體也要熱血沸騰起來，才不會讓不佳的運氣黏在身上。

🌿 在心靈療效上

艾草的活血力量，除了用在身體上的循環，也用在活化情感能量上。適用於太過理性而把情感緊閉的人。對未來有期待，但不知道如何創造的自己，也就是沒有想像力的人。

艾草是菊科艾屬，對應到希臘月亮女神。而月亮掌管的就是內心脆弱及最真實的我們。

在我的朋友中有一種人，堅持讓頭腦保持清晰簡單，對於夢想及未來不想有過多的期待，更無法體會情感中的柔軟細緻及高潮迭起，內心堅持不想去接受因無法控制的情緒波動導致的患得患失。這一上一下，反而讓他們覺得很累。這樣對自我「不願意」的暗示，或許是內心有些層層疊疊的傷疤造成的，尤其是情感居多。這也是一種保護

自己的方式，只是損失了大步前行的機會。

　　我在使用艾草的過程中，發現它除了可以軟化心靈、平衡理智與情感外，更有引夢及創造未來的能量。在歷史故事中艾草也叫「催夢草」。據說躺在用艾草做成的枕頭上睡覺，可以夢見未來的自己，給現況無助的自己一個方向。而我的理解是，聞聞植物氣味確實是可以引夢的。能快速更新一下心理狀態，找到最缺乏的路徑及程式。

　　而艾草給予的能量，一直都是為了夢想而前進，築夢且踏實。因此當你覺得靈感枯竭，或被固有思考模式綁架時，試試用艾草擦在眉心輪冥想，只要你願意接受有趣的翻騰，請感受一下它帶給你突破的力量吧！

・心靈能量：打開想像力，更新現狀，逐夢踏實。

✳ 摸香解析

　　摸出四支精油，艾草出現在四個不同位置時，依次的解釋為：

外在

很清楚自己要的方向，也能掌控並相信自己可以完成願景。

內心

對於夢想是有憧憬的，正在努力規劃中，不想放棄。

潛意識

夢想似乎有點遙遠
但想前進，有壓力
也在找尋方向，想
讓頭腦更清醒些。

解決方法

對於夢想很堅持的
你是能達成的喔！
讓思維跳躍一下，
或許能帶來不同的
契機。

🌿 香氣解套法

① 開啟智慧

　艾草＋岩蘭草＋廣藿香＋佛手柑＋克萊門橙

② 創造夢想

　艾草＋花梨木＋茉莉＋佛手柑＋檸檬薄荷

🌿 從香氣喜好分辨不同特質

喜歡艾草香氣的人
是個能接受天馬行空及不
斷更新自己的人。

不喜歡艾草香氣的人
太理性，有莫名的堅持。
對他人有很多想法。對夢
想成真這事有著疑惑。

月桂葉 *Bay Laurel*

魅力與榮耀

　　月桂屬於樟科，含有氧化物，帶有胡椒味。代表著溫暖、融解及開拓。身為樟科家族中唯一的歐洲選手，這三種不同的特質居然在一個植物上產生，讓我對它升起濃濃的好奇心。古希臘人把月桂當成是神聖的植物，既是代表勝利與榮耀，又代表著永恆的愛情。

在身體療效上

　　月桂葉的使用也非常多元，是使用在肉類料裡中常見的香料，可去除肉腥味，又能讓消化系統疾病得到緩解。比如腸胃炎、腸胃型感染、消化不良等等，又因為有著氧化物的特性，對於呼吸道的症狀、感冒病毒的侵入，以及

刺激免疫力增長都有幫助。

月桂也是溫補的植物，適用於身體新陳代謝過於緩慢，而偏寒性的體質。月桂葉加上迷迭香、生薑、馬鬱蘭，稀釋後用來按摩身體，可緩解身體的疲憊感及肌肉痠痛，非常適合動腦不愛動身體的人。

- 身體想傳達的訊息：當內心太苛責自己，找不到光芒時，會讓身體濕氣過重。如果又不願對外伸展，身體的沉重感會日益加深。

在心靈療效上

月桂的生長期較緩慢，但它的特性及香氣能激發出一種厚積薄發的能量。是一種能讓人打從心底產生勇氣打開不同的視野，願意讓自己內心的能量重新調整，由0轉到100，並能擁有高度直覺及敏銳度，從容自若的轉換。過與不及都不是最佳的狀態。

非常適用於兩種族群：一是看來表面驕傲、自信、老想贏、盲目追隨，但內心沒什麼底氣，非常需要被認同及讚賞。這類人群通常都說不得，使用月桂來化解最好。

我覺得希臘故事中瘋狂愛著達芙尼的太陽神阿波羅，就有這種對自我過度迷戀、自信的特質。但又不確定自己是不是有魅力，也沒想過對方的需求，就是瘋狂的表達「我想要」，導致達芙尼無處逃，只能變成月桂樹，給他

葉子讓他聞著香氣，提醒他別執著，醒一醒吧！

　　另一種人，是在生活及工作中充滿疲憊及挫敗感，找不到成就的人。這類人心靈能量都會有種灰濛濛的感覺，找不到熱情，或持續下去的動力。在植物魔法中，可以試試月桂葉加上檸檬薰香，協助淨化及掃除負能量，能給自己帶來好運的機會喔！

・心靈能量：點燃熱情，看準目標，勝利在握。

摸香解析

　　摸出四支精油，月桂葉出現在四個不同位置時，依次的解釋為：

① 外在

有衝勁，對於權利及榮耀，是很在意的。喜歡閃閃發光，會有些執著。

② 內心

堅持要獲得某些認可。一直努力著不想放棄，也相信自己。

潛意識

逼自己一路前進，有些疲憊及厭倦感，需要一些鼓勵及獎勵來激發熱情。

解決方法

先確認目標是不是你想要的，盲目跟風或被影響都不是一個最好的選擇，只要是自己做的決定就相信它，勝利會是你的。

香氣解套法

① **找到自信與魅力**

月桂葉＋迷迭香＋雪松＋茉莉＋檸檬

② **開啟新契機**

月桂葉＋廣藿香＋絲柏＋葡萄柚＋薄荷

從香氣喜好分辨不同特質

喜歡月桂葉香氣的人知道自己要什麼，隨時有著魅力與自信。

不喜歡月桂葉香氣的人對自己沒有底氣，害怕面對現實狀態。

昆士亞 *Kunzea*

掃除一切疼痛，
重新開始

　　昆士亞屬於桃金孃科，是近年興起的單方精油，主要生長於醉人的澳洲塔斯馬尼亞海岸邊。花朵外觀像閃亮亮的大眼睛，有著陽光能量的感覺，為抗寒植物，是偏陽性的精油。

　　它會突然紅起來，傳說是因為1993年當地有個農夫有著嚴重的鼻塞及味覺不調問題，有天他發現昆士亞這植物，好奇心的驅使下，搓揉植物的枝葉嗅吸數次後，居然意外改善了他惱人的問題。1998年經塔斯馬尼亞大學實驗後，證實了昆士亞的藥用價值。

　　昆士亞由單萜烯和倍半萜烯所組成的清新感氣味十分討人喜歡，以做為藥用的精油來說卻沒有藥味，反而具有

穩穩的草本氣息，簡單、有活力，對於提振精神、緩解焦慮和鎮定情緒非常有幫助。

在身體療效上

而它在身體主要功效是強力抗病毒，尤其是呼吸道病毒的感染。它也是很好的止痛劑，能用於肌肉痠痛，或類風濕性關節炎引起的深度疼痛，以及情緒上不協調導致的偏頭痛。還有因念珠菌及葡萄球菌引起的生殖系統泌尿道感染等等。除了上述症狀外，也可用於皮膚排毒、割傷或瘀傷。當流感盛行時，針對家裡環境抗病毒，除了百里香、山雞椒外，也可用上昆士亞加上冷杉、羅文莎葉來驅趕病毒喔！

- 身體想傳達的訊息：身體是個大地圖，堵塞一定有原因，保持思維的通暢，疾病不上身。

在心靈療效上

昆士亞位於眉心輪及喉輪，花朵又像似星星的大眼睛，擅長協助人們看清現狀，聽懂他人的語言，說出自己想表達的情緒。我們都明白身體的經絡是相連結的，而在內在衝突中，自己折騰自己是最難解的。當身體有長期疼痛而不得解時，你有沒有想過或許是來自於想像力？過度的想太多，光想卻不說也不做，耗的就是自己的身體，當

壓力過度，堵塞上方思想脈輪時，下方行動輪也會被瘀堵，而且年紀越大越是明顯。

還記得開頭時我說的農夫的故事嗎？當嗅覺與味覺不協調時，內心一定是因為某件陳年往事讓他過不去。內心的過不去太過強烈，因而引起眼、耳、口、鼻無法協調，而昆士亞不像薄荷一樣快狠準，強迫更新。它更多的能量在於打開視野，突破心理的層面。用嗅覺刺激觸覺，讓個案沒壓力，願意一步步釋懷一切，知道「是該過去了」。

昆士亞擅長情緒安撫及釋放，當過度的想像力造成當下困擾時，就是時候該解放它了。試試用昆士亞加上花梨木、馬鬱蘭、檸檬草、薄荷。稀釋後緩緩按摩身體肌肉。也可用昆士亞加上杜松漿果、古巴香脂、檸檬薰香，讓大腦得以放鬆。

・心靈能量：勇敢地把自己扔出來，想好了就要做到。

摸香解析

摸出四支精油，昆士亞出現在四個不同位置時，依次的解釋為：

外在

大而化之卻心細、清晰明亮的性格，讓人感到輕鬆愉悅及放心。是久處不厭的人。

內心

有些繁瑣的事讓人心中拉扯，需要一些深度的溝通與交流讓事件落地。

潛意識

累積了很多想法很想執行，卻一直在心中拉扯。顧慮有點多了，很想快速解決這一切。

解決方法

如果正面臨期待又擔心的結果時，你當下需要的是「落地」，先不要瞎想，放鬆地先做能做的事，會有輕鬆而愉快的結果。

香氣解套法

① 萌生能量

　　昆士亞＋生薑＋丁香＋小花茉莉

② 與自己和解

　　昆士亞＋岩蘭草＋馬鬱蘭＋天竺葵＋綠薄荷

從香氣喜好分辨不同特質

喜歡昆士亞香氣的人很滿意現狀，擁有清晰的感覺，事事都在掌控中。

不喜歡昆士亞香氣的人容易陷入天人交戰或選擇困難，很不喜歡這樣的狀態。

小花茉莉 *Arabian Jasmine*

我屬於你。
迷人的

　　茉莉是談判時最佳的香氣，能讓緊繃的情緒放鬆，告訴所有人不需劍拔弩張，拼個你死我活。

　　印度、巴基斯坦、斯里蘭卡人民最喜愛茉莉花的香氣。只要在印度廟宇都能聞到茉莉的香氣。小花茉莉原產於古波斯及印度，1700年前引入中國，花期是每年的5～7月份，花朵會在太陽下山時開始釋放香氣，在夜間時香味最濃郁，因此茉莉花的採摘必須要在夜晚進行，小花茉莉的含油量不高，萃取率只有0.3%，比玫瑰還要低得多，一般都是採用溶劑萃取法，大概兩千多萬朵茉莉才能萃出一公斤的茉莉原精，因此精油價格昂貴。但因香氣迷人，對於皮膚保濕、抗衰及情緒平衡都很有亮點，還是令

一些精油迷們愛不釋手。

而茉莉的品種及氣味也大不相同，很多人都會搞混，這裡我簡單把阿拉伯及摩洛哥茉莉分類：

阿拉伯茉莉	摩洛哥茉莉
（學名 *Jasminum sambac*）	（學名 *Jasminum officinale*）
俗稱小花茉莉，也叫中國茉莉。氣味淡雅，我們常見的茉莉花茶氣味就是小花茉莉。擅長於情緒的調整，用於安神、沉穩、靜心。	俗稱大花茉莉。因花中含有大量的吲哚，氣味濃郁，擴散力強，極具誘惑力，是受西方人喜愛的茉莉氣味。

在身體療效上

小花茉莉可用於女性滋補、驅寒，具有極強的安撫力、可提亮膚色、修護私密黏膜、止痛、抗痙攣、舒壓、恢復元氣，也能催情，但是屬於溫和地催。適合虛弱無力、氣血蒼白的女性使用。

· 身體想傳達的訊息：生活及工作的單一，會讓人呈現虛軟無力及莫名不安。溫和地補充能量讓身心都有豐足感。

在心靈療效上

茉莉花夜晚中綻放清香，所以它具有陰柔的月光修護能量，可以化解一些煩躁、不安的敏感情緒，修護心靈上

的小創傷。

植物的花朵象徵愛情，不只是希臘的愛神邱比特有著弓箭，在印度愛神伽摩（Kamadeva）的手裡，也是拿著箭頭有著茉莉花的弓箭，象徵將愛與慾望射入人們心中。茉莉與玫瑰對愛的詮釋不太一樣。我們都知道玫瑰王后對愛是強烈的，有點小霸道的付出，只要我愛你什麼都不管，我就是要快狠準得到你。而茉莉對愛卻是有點迂迴的，茉莉國王對愛看來是有自信、有魅力的。有趣的是，它征服別人的方式其實是等著被征服。看準了想要的愛情後他會耐心等待，慢慢地釋放魅力。除了想要長久，也要全然又無私地被愛著。

但會有個問題，當把主導權放在對方身上時，就會讓自己陷入一種被動的窘境。因為太在意又不主動，很容易讓自己糾結在不該費勁的地方，也容易煩躁不安。這時可用茉莉、檀香、雪松、古巴香脂，薰香來安安神喔！穩定一下自己波濤洶湧的內心。而從茉莉諧音「莫離」，可以想像茉莉國王也是個長情的人。

除了在感情上的糾結，茉莉的人格特質運用在日常生活中，卻是個有原則、有底線的策略家。對於棘手的事可以在腦中盤算好所有的路徑，讓艱難的情況都能迎刃而解，發揮出絕佳的領導者能力，知道自己要什麼也知道方向。內心強大是決策者很重要的特質。但位於高處，有時也會因為無人可詢問，對於要下的決定有點擔心或徬徨，

這時茉莉也可帶給我們一種篤定的自信及鼓勵。當茉莉的香氣帶來滿滿的希望時，不需要太執著結果，去戰鬥及磨練，迎接精彩的收穫吧！

・心靈能量：保持魅力，迷人的領導者。解除過多的情緒及執著，發揮所長。

摸香解析

摸出四支精油，小花茉莉出現在四個不同位置時，依次的解釋為：

1 外在

獨特的領導者氣質，沉著地面對著很多事。心中有些不確定性，需要被認同。

2 內心

在一些事件中有些迷茫。有自己的要求。想要找到定位或價值感。

3 潛意識

現狀沒有不好，但內心的壓力來自於太在意或太渴望一定要如何，自己與自己內戰了，有點傷神。

4 解決方法

對自己寬容點，他人給的掌聲及鼓勵都是小菜一碟，最大的認可來自於優秀的自己，放過自己就都順了。

🌿 香氣解套法

① **尊貴與自信的魅力**

　　小花茉莉＋廣藿香＋檀香＋乳香＋檸檬

② **平衡的愛情**

　　小花茉莉＋廣藿香＋玫瑰＋側柏＋萊姆＋蜜橘

🌿 從香氣喜好分辨不同特質

　喜歡小花茉莉香氣的人
是有實力的人，不張揚，
到哪都能有一片天。

　不喜歡小花茉莉香氣的人
滿足現狀，雖然心中交戰
時會有些掙扎，但還是會
說服自己這樣就好。

頂輪與對應的精油

梵文 ｜ sahasrara

表達意義 ｜「空」。

掌管 ｜ 理解，超越自我意識、靈性啟發。

脈輪位置 ｜ 頭頂百會穴。

對應身體的部位 ｜ 神經系統、大腦。

　　頂輪的人們都非常善良，想的永遠都是怎麼對別人更好，覺得不付出都好難受。不小心傷害了他人還自責到不行，因為他們想的都是「我理解你，我也能體諒你」。但他們卻都沒想過怎麼對自己好，這是一種與生俱來的天

性，因此當有困擾時，也都是因為他人的事使自己陷入焦慮及失眠。當覺得頭重腳輕，老是感覺不平衡時，建議可以多運動、走走路、爬爬山、騎腳踏車，都是能放鬆大腦壓力的好方式。

第一本書中的四款好人牌頂輪植物分別是：

薰衣草
如同媽媽的愛，對家人很照顧

絲柏
一顆沉穩的內心，只要發出需要的訊號就能得到援助

雪松
在工作及專業上的最佳貴人

側柏
隨時在身旁的老好人

所以我們常在熱心的公益團體中，看到熱情無私的它們。也幸好有它們，這世界才會一直有愛，有溫暖。這次進階後的頂輪，不再是不求結果的「付出」，更多的是「帶領」，帶領自己與需要協助的人，一起到達啟發及超越的模式。這次的植物有：

乳香
強大的能
量，擅長啟
發及引導

晚香玉
開啟任何不
可能，扭轉
人生

檀香木
看似清心寡
慾，精神領
域的智者

胡荽籽
心靈能量
的導師

我們就來看看這次頂輪的植物有什麼不同吧！

乳香 *Frankincense*

天賜的禮物

　　乳香是橄欖科最具代表性的植物。生長在炎熱貧瘠的地區，有著優質的香氣、貴族的身價，但卻有坎坷的一生。奉獻似乎就是它的使命。

　　乳香在歷史上有極深厚的意義。自三、四千年前起埃及人就用它來奉獻太陽神，而古埃及和羅馬的祭司，也愛用這樣高貴的香氣在神殿焚香，表達對神最崇高的敬意。古埃及遺留的記載中也有條乳香之路，用來進行貿易交流。據說還有龍及蛇來守護著這神聖的植物，還有很多不勝枚舉的乳香傳說，說明了這比黃金還要貴重的神聖樹脂，在人們心裡是何其重要。

✾ 在身體療效上

乳香的功能非常全面，多分子的結構什麼都能用，而且與不同的精油搭配，都會有極佳的協同效果。

乳香擅長清肺、化痰、止咳、緩解子宮疾病、皮膚調理修護、肌肉鎮痛、消炎等，並且能緩解神經性緊張、胸悶、焦慮及活化經絡、調整情緒、放鬆、安撫及淨化身心。而用在各個脈輪位置時，乳香也能使脈輪更正向而穩定運轉，身體各個層面都能有乳香的立足之地，真正符合了萬用精油的稱號。

而乳香產地也不少，所使用的功能也略有不同，接下來我簡單整理闡述一下：

阿曼乳香（學名 *Boswellia sacra*）

含有高比例的*a*-松油萜，氣味似松香，帶著淡淡花香調的感覺。出口量少，價格不斐。

適用於情緒的全方位調節及平衡、增強正向思維能力、皮膚損傷修護、抗老化、強化血液循環、抗發炎、止痛，對於慢性疾病患者，或免疫力低下的患者非常好。

印度乳香（學名 *Boswellia serrata*）

單萜烯含量高，價格實惠，氣味獨特，有種檸檬、胡椒加上樹脂的氣味。

適用在全身肌肉骨骼的發炎及腫漲疼痛，尤其是類風濕性關節炎，效果明顯。

索馬里乳香（學名 *Boswellia Carterii*）

市場上最常見的品種。氣味帶著清亮感，有柑橘木質的香氣。

生理及心理的平衡功效比其他乳香更優秀。主要用在恢復皮膚活力和彈性、協助去除疤痕、提升情緒、調節荷爾蒙等問題。

・ **身體想傳達的訊息**：全方位的平衡，取決於思考和行動上的一致性。

在心靈療效上

每年的秋季是乳香收割的季節。在肯亞每棵能採收的乳香樹上，都會看到無數的傷痕，據說那是因為這樣能讓乳香長得更好，療效更佳，讓氣味更豐富。當地農民會在乳香樹成長期間，定時在乳香樹上砍一刀，讓它流出白色汁液來進行自我痊癒。當地的說法是，當樹木自我療癒習慣了，能量就會越來越強大，萃油的品質也會更佳。如果這是一種人格特質的話，這純粹犧牲的個性，也真令人心疼。

說起乳香強大的精神，我就想起一個代表人物「希臘女神雅典娜」，她在神話中是智慧女神也是女戰神。她智慧非凡，勇敢無畏。帶領希臘擊敗了特洛伊的戰神哥哥，又與海神爭奪雅典城的守護神之位。她將雅典變成了藝術與文學、科學繁榮的城市。一直都是單身未婚，將自己全然奉獻給了希臘。對於希臘人來說，雅典娜不只守護他們，也帶來重生的希望，恰恰呼應頂輪的能量「愛與慈悲」。

乳香的能量是帶著智慧的平衡。所有的出發點及結果，都是為了實現最大的利益與和諧，過程中會有的「犧

牲及奉獻」都不需計較。在協助他人的當下，學習到了「自我成長」的重要性，這是看似表面的犧牲，換來的卻是最大的收穫。

非常適用於容易急躁、依賴性強、毅力薄弱、抓著過去不放、寬容度不足、內心脆弱、以自我為中心的人。

> ‧心靈能量：內心溫柔有力量，宛如身披盔甲的女戰士，勇敢有原則。

摸香解析

摸出四支精油，乳香出現在四個不同位置時，依次的解釋為：

1 外在

有天賦才華及毅力的人。善良、擅於協助他人。對於靈性能量很有直覺力。

2 內心

內心力量強大，戰鬥力十足。可以超乎想像的處理很多事情。

3 潛意識

渴望能有果斷的能量，有智慧去解決一切問題。

4 解決方法

找出有智慧且妥善處理的方式，不要心軟，這很重要。

🌱 香氣解套法

① **找到捷徑**

　　乳香＋古巴香脂＋迷迭香＋橘葉

② **戰勝困境**

　　乳香＋雪松＋月桂＋檸檬

🌱 從香氣喜好分辨不同特質

喜歡乳香香氣的人	**不喜歡乳香香氣的人**
對自己很有自信，是個耐力夠，又有目標的人。	依賴心強、急躁、太過衝動。

晚香玉 *Tuberose*

危險的快樂

　　相較於直接撩撥的伊蘭，我更喜歡既魅惑又內斂的晚香玉。當到了一個成熟穩定的年紀，覺得身體不再年輕時，會有股強大的能量，激發另一種不同於年輕狀態的「激情」。讓生命又進入另一階段的高潮，這是屬於晚香玉的魅力。

　　晚香玉屬於龍舌蘭科，是多年生草本植物。在夏末秋初開花，香氣在白天時清幽，到了夜晚香氣就會變得豐滿而妖嬈，又稱夜來香。在印度有Ratkirani之稱，意為「夜之女王」。

　　精油萃取的方式取決於植物的生長方式及產地，印度喀拉拉邦的晚香玉，葉片較薄，用的就是蒸餾法。而埃及

晚香玉長得大且厚，較難用蒸餾，只能溶劑萃取。無論在何產地，晚香玉的香氣或姿態，都有著高雅尊貴的氣質。而在印度古老的醫學系統——Ayurveda中亦有使用晚香玉的記載，阿育吠陀療法中採用的是五種感官的治療方式，在使用晚香玉時會利用嗅覺、觸覺的模式。首先打開封閉的心輪，產生愛與心的敏感性，激發對愛的創造力，引導眉心輪面對自己，最後使頂輪感受心緒平穩，讓身心靈的能量達到和諧。

在身體療效上

晚香玉擁有溫性的能量，擅長改善循環、軟化僵硬的身體及寒涼體質、放鬆緊張的情緒，促進睡眠，另外對於泌尿系統的保養，及雄性激素過高所產生的內分泌失調都有幫助。

而晚香玉也是絕佳的皮膚保濕滋養油，用於身體及頭髮上極好，既溫婉，又催情（我最喜歡晚香玉加上檀香木的氣味）因花內含吲哚及苯基酯香氣，性感又馥郁，只需要少量使用就好。

• 身體想傳達的訊息：內心想打開被束縛已久的自由，但理性的傳統與渴望互相拉扯著，時間久了，會讓人反覆焦慮，身心逐漸疲乏。

在心靈療效上

晚香玉擅長處理人們心理的轉折，而這轉折裡會充滿許多驚濤駭浪。當挫折及委屈說都說不清時，晚香玉能帶著你飛出困住你的地方，勇往直前去尋找你要的精彩。畢竟生命中有太多不能錯過的風景。很適合沉溺在舒適圈中，害怕前進的人，以及活力不足、害怕改變會有危險的人。它會給這樣的人群能量，告訴他們：當自己的女王吧！別給自己遺憾的機會。

來聊聊一位很有晚香玉特質的女性，丹麥前王妃——文雅麗。她精通各國語言，在遇見丹麥王子前是個學霸，也是優雅又有智慧的女主管。嫁入王室、生子後，便把心力投入家庭及事業中，深受丹麥王室愛戴。後來因為丹麥王子沉迷於享受，不同的價值觀讓文雅麗果斷離婚，她的女王婆婆非常欣賞她，離婚時還賜給文雅麗女伯爵的身份。離婚後文雅麗帶著兩個孩子，以慈善家的身份資助了21個社會機構，並且重回職場，成為某製藥公司的董事會成員。無論後來再婚或再次離婚，文雅麗不做王妃，卻活成了自己的女王。

她曾說過「一個男人在我生命中是錦上添花，而不是不可或缺」。這樣的底氣來自於她的成長過程，不急不徐接受所有磨練，努力的栽培自己，永遠保持自己獨特的能力。在生命的過程中，永遠給自己前進的力量。

東方女人擅長相夫教子，不管年輕時多有能力，一旦面對家庭，都是火力全開的全力以赴。這過程中多大的委屈及不開心都得忍下來，直到孩子長大，另一半退休了，才發現自己失業了，這時才在想接下來我該怎辦？讓我維持動力的熱情在哪裡？

　　幸好現在女性都很聰明，不放棄職場、不放棄學習，或許沒有賺很多錢，但把自己保持在一個蓄勢待發的狀態，是一個很值得鼓勵的事。其實我們都可以是文雅麗，她比我們多的就是一份果敢及愛自己罷了。我很喜歡這香氣，因為它能帶著我優雅且直觀地面對自己，飛越困住的自己，讓我勇敢。

・心靈能量：開啟任何的不可能，優雅地玩轉未來。

摸香解析

　　摸出四支精油，晚香玉出現在四個不同位置時，依次的解釋為：

1　外在

不管什麼年紀，都是舉止優雅、態度從容，保持著一顆純粹的心，充滿活力及生命力。

2　內心

遇到任何關卡都能輕鬆面對，相信自己的選擇，肆意做自己。

潛意識

長期被壓抑在一個狀態內，想得也多，無法兩全。想要把自己釋放出來，找到有活力的自己。

解決方法

面臨的狀況不管人或事，你都想用不同以往的方式去處理，而這樣的模式，也是在允許自己做一個深度轉變。如果這樣做讓你覺得愉悅的話，不用擔心結果，就去做吧。

香氣解套法

① 啟動新生的自己

晚香玉＋生薑＋佛手柑＋岩蘭草

② 奔放前的寧靜

晚香玉＋廣藿香＋檀香木＋小花茉莉

從香氣喜好分辨不同特質

喜歡晚香玉香氣的人
個性有點俏皮，喜歡挑戰，也接受任何轉變。

不喜歡晚香玉香氣的人
是個遵守規律的人，覺得平穩就好，對於大起大落的波折會感到害怕。

檀香木 *Sandalwood*

釋然的
生命態度

　　檀香是一種小型的常綠寄生樹木，幼時吸附在其它樹木根部吸取養分。原產於東印度和印度洋中的小島上。檀香樹長得很慢，只有非常成熟、幾乎要老死的檀香樹，才能砍下樹幹內層做為萃取精油的主要部位。能夠萃取精油的檀香木必須要有30年以上的樹齡，若達到60年的樹齡所萃取的精油更是極品。由於當地政府為了保護地球生態平衡，已明確規定每年的砍伐數量及將樹編碼，所以檀香精油的萃取及輸出並不容易。

　　由於檀香的取得不易，所以不同產地的檀香也開始受到矚目。比如氣味清揚帶點花香味，能讓皮膚白皙的澳洲檀香。協助心臟循環，調整生殖泌尿問題，俗稱西印度檀

香的阿米香樹（Amyris）。雖然兩者都沒有印度檀香的能量及香氣十足，但氣味及價格還是很討喜。

🌿 在身體療效上

擅長處理呼吸道症狀問題，改善泌尿道系統，協助下半身循環及情緒穩定。多用於肺部感染、喉嚨疼痛等，處理呼吸道問題時，檀香木可加上乳香、迷迭香、花梨木薰香。處理泌尿系統感染（膀胱炎）時，可使用檀香木、芳樟、杜松漿果、羅勒、肉桂、檸檬各2滴，加上植物油擦在下腹部並熱敷。膀胱無力、頻尿問題，檀香木加上粉蓮花的改善效果也極佳。

另外我最愛用檀香木來緩解老覺得自己身體燥熱，很喜歡吃冰涼食物來解火的人。這樣的人睡眠不安穩、皮膚狀態也不好，又以成長中孩子居多，這種症狀跟腸胃疲弱有極大關係。我會在睡前將1-2滴檀香木擦在後背，只要發現不再隨時想喝冰涼的飲料解渴，那就是見效了。當然澳洲檀香和阿米香樹也可以，但力道稍嫌不足。

檀香木也具有幫皮膚解渴的能耐，檀香醇發揮了倍半萜醇的功效，對於皮膚具有滋養潤澤、促進細胞新生、抗老化，能解救極度缺水的肌膚。

花類精油擅長催情，檀香木也有這效果。但因為檀香力求平衡，因此催的不是生理上的情慾，而是心靈上的渴望。有一種性愛是必須要身心合一才能感受到極致的歡愉，而檀香木加上伊蘭（或晚香玉、茉莉、玫瑰），都能

補足心靈上所缺的那一塊說不清的「滿足」。

- *身體想傳達的訊息*：過於狂熱的情緒會引起身體的過激反應，善用涼補平衡所有身心。

在心靈療效上

檀香木擅長穩定心性，讓人專注在當下。因屬於寄生樹，能引出一種獨特的人格特質：在成長的過程中因無法有自主能力，有時被迫必須依附在非原生的體系中，比如寄養、寄宿，在這些過程中逼著自己學會仔細觀察、放軟身段，懂得如何生存。成長後，這類的人會有種冷靜、淡然的氣質。處理事務時簡單、豁達大度，凡事不計較，遇熱則熱，遇冷則冷。不拒絕他人的熱情，但也不會討好般主動貼上。這樣淡然處之的性格有時很令人著迷。

尤其是對花香類人格特質的人。檀香木擅長幫可愛的花香類人滅火。當滿腹理想時，雖然會使人有衝勁，但衝過頭而停不下來時，反而會對自己感到莫名的煩躁及疲乏。檀香木的香氣始終帶著一股沉穩的王者氣息，能讓人有滿滿安全感及寧靜平穩的感受。此時檀香木的香氣就可用來化解負能量，清除混亂的磁場，平衡神經系統，強化心境，摒除雜念。這樣涼涼的補，也是一種滋補。宛如姜太公釣魚時的平穩、沉著，用心領悟所有一切的自在。

- *心靈能量*：從容不迫且溫和，邊界感十足。

摸香解析

摸出四支精油，檀香木出現在四個不同位置時，依次的解釋為：

外在

沉穩善於觀察。只做自己，有種雲淡風輕的氣息。

內心

不想去插手任何事，想要靜靜享受著現狀。寧靜而淡然，一個人也很好。

潛意識

很渴望能放下一切，不受任何情緒起伏或煩心的事困擾。

解決方法

其實你很努力想改變某些狀態，會走到這一步代表身體和心理累了，可以放下堅持讓自己靜一靜，以退為進不失為一個好辦法。

 香氣解套法

① **勾引、吸引**

檀香木＋晚香玉＋小花茉莉＋香草

② **找到寧靜**

檀香木＋乳香＋雪松＋安息香

從香氣喜好分辨不同特質

喜歡檀香木香氣的人
喜歡一個人。不受影響，
老神在在。

不喜歡檀香木香氣的人
愛熱鬧、怕寂寞，不想一
個人。

胡荽籽 *Coriander*

溫暖的支撐

　　胡荽就是有些人特別喜愛，也有些人特別厭惡的香菜。適應力強，看似纖弱有種書生氣息，卻生在廣闊、不需要特別照顧的大地。小小花朵雅緻柔美，可用作擺盤的裝飾。葉片氣味濃郁，成份以醛類居多，通常用來增添食物風味或刺激食慾。能幫助腸胃功能順暢，也有排除重金屬及緩解神經性頭痛的作用，對糖尿病及關節炎也有幫助。

在身體療效上

　　胡荽籽富含單萜醇，氣味甜美，能幫助身體增加能量，去除雜念。能用來按摩，擅長整合身心，可緩解用腦過度後身心的僵硬。推薦每日擦在腳底，能改善氣血不

順、消水腫，還能緩解腦袋一團亂或身體能量不足導致的失眠。想幫助腸胃消化按摩或降低膽固醇時，可在配方中加上1-2滴胡荽籽精油，會有驚艷的效果。

- 身體想傳達的訊息：展開豐富的想像力及彈性，不壓抑所有可能，給疲乏的身體多點空間。

在心靈療效上

胡荽籽種子的能量強大，看似是保持下方脈輪穩固的植物，但其實是能貫穿從頂輪到海底輪的守護能量。能補強神經系統，安撫遭受衝擊及恐懼的心靈，鼓勵人說出內心的真實情感，幫助找到穩妥的心靈寄託。適合身心很會糾結、過於理性或感性、光想不行動、難入睡、思想過於保守不敢前進，以及身體能量不足，總覺得虛弱的人。

現代人遇到很多事件也常會有不知道該怎麼做判斷的糾結產生。想詢問他人，但因為每個人看事情的角度不同，而覺得找不到真的有利於自己的答案，導致焦慮及不安，煩惱就跟線一樣越繞越多。這時胡荽籽的能量，會協助我們「淨空」，引導出過度理性及感性的癥結點，開啟更多的可能性。讓大腦停止焦慮，先放鬆再做正確決定。也可將胡荽籽在睡前擦在腳底，或許胡荽籽給的夢境，會是一帖解藥喔！

- 心靈能量：心靈導師。找出隱藏的答案。

摸香解析

摸出四支精油，胡荽籽出現在四個不同位置時，依次的解釋為：

外在

有智慧、有能量、熱心，讓人覺得愉悅、能聊心事的人。

內心

擅長引導，提升變通力，讓他人說出內心想要的問題或答案。

潛意識

循規蹈矩的模式讓自己有些疲累了，需要靈活的方向指引，並渴望有個能吐露心事的人。

解決方法

你本來就是個有能量的人，只是顧慮他人而被卡住了。試試順著直覺打開想像力，多點感性，答案就會出現了。

香氣解套法

① 緩解不安及焦慮

　胡荽籽＋佛手柑＋黑雲杉＋杜松漿果＋紅橘

② 補足能量，好睡覺

　胡荽籽＋岩蘭草＋乳香＋苦橙葉＋甜橙

從香氣喜好分辨不同特質

喜歡胡荽籽香氣的人
雖然有些傳統，但很願意
隨著更好的方向做更動，
不會抓著執著不放。

不喜歡胡荽籽香氣的人
堅持且固執，不到黃河心
不死，要改變想法或做法
必須得經歷些風浪才行。

寫在最後

　　一開始我在挑選植物時，令我很煩惱，反覆糾結，最後我捨棄了很多可能會有另一波高潮的植物，比如：

- 鬆綁靈魂的肉桂
- 扒開層層難關的格陵蘭喇叭茶
- 預知能力高強的西洋蓍草
- 撫慰身心動彈不得的芳枸葉
- 解放捨不得的零陵香豆
- 生財的好幫手青花椒
- 一切順心的洋槐花⋯⋯等

　　每株植物在我眼裡，都有說不完的故事及無敵的啟發。或許有機會在不同的地區，不同的場合或課程中，請提醒我，讓我說說這些遺珠之憾的有趣人格及故事。

　　這本書在收尾時，我剛好聽到蔡康永說的一段話「當一個創作者，從打出第一個字開始就充滿了焦慮」，很怕寫出來的與讀者反應有落差，或我想表達的會不會太深奧，因此將所有的內容一改再改，彷彿寫的不是我自己要

的,而是別人想看的。這時手敲鍵盤的我,是非常認同的,但又不想委屈自己想表達的,因此就變成了現在你們手上的這本書。

回想在寫摸香第一集時,我是抱著好玩的心態去完成,所以感受不到焦慮或包袱。這次很多層面都昇華了,也出現了無形的壓力,這摸不到的壓力讓我在幾個月內體重像吹氣球一樣,蹭蹭蹭地不斷升高。而現在心喜於這本書的完成,我正在像消氣一樣,慢慢回到不脹氣的我。

謝謝你們的耐心等待及閱讀。這本書很奇妙,值得你看99次。每次當你有解不開的煩惱時,請翻開它吧!找到屬於你的植物,找到我埋下的不同答案,這是這本書留在你身邊最重要的價值。

真心說,要瞭解一個人並不容易。但當你悄悄地看懂了,內心的寬容及理解度就會變大,如果沒有這效果,我想,你就是⋯⋯故意的!故意沒有不好,很多作業本來就是要自己完成。只是我們留了一頁空白讓它們自己填上。

希望你們懂我的天馬行空,也非常期待我們會在不同的城市見面。

最後，我想布置幾題作業，給想訓練自己的你們。參考我的內容，用自己感受到的方式，寫下以下這幾組植物是什麼樣的人格特質及他們的煩惱，發送到i2020_vy@hotmail.com。我會挑選出10個最佳答案，也會在ＦＢ同步公布。送的禮物或許是買不到的限量精油或是一袋有28支小精油的摸香袋，也或許⋯⋯。當你們期待禮物時，我也在期待你們更奇妙的解答！

2023年6月
Grace

作業

①	②	③	④
古巴香脂 百里香 穗甘松 玫瑰草	岩玫瑰 玫瑰 安息香 麥蘆卡	茉莉 香蜂草 沒藥 乳香	沒藥 月桂葉 玫瑰草 馬鬱蘭

⑤	⑥	⑦	⑧
玫瑰 山雞椒 歐白芷根 艾草	薄荷 歐白芷根 乳香 岩玫瑰	玫瑰草 穗甘松 乳香 胡荽籽	昆士亞 山雞椒 玫瑰 古巴香脂

⑨	⑩		
晚香玉 羅馬洋甘菊 沒藥 玫瑰	月桂 迷迭香 穗甘松 羅馬洋甘菊		

植物的心靈能量&
代表的是或否

※「是或否」中的「可突破」代表：有努力的空間，行動了，結果就會不一樣。

精油	代表的心靈能量	代表的是或否
岩玫瑰	捨棄舊習、扭轉局勢、斷捨離	否
古巴香脂	用豁達樂觀的態度面對所有問題	可突破
歐白芷根	乘風破浪，無所畏懼	是
安息香	接受當下、保持初心，給自己的能量找到豐盈狀態	是
沒藥	有毅力找到自已的節奏，不要跟著過去轉	是
穗甘松	原諒所有的背叛，放下執念	是
玫瑰草	放下執念，放過自己	可突破
馬達加斯加香草	勇敢打破現狀，開始碰觸世界	否
胡椒薄荷	不斷審視自己的目標及方向，迎接挑戰，獲得想要的結果	是
沉香醇百里香	願意改變行動計劃，命運就會不同	是
山雞椒	無懼世事，隨心所欲	是
黑雲杉	潛力無限，大器晚成	否
香蜂草	所有的繁雜瑣事終究會過去，放開心去接收喜悅的成果	是

精油	代表的心靈能量	代表的是或否
大馬士革玫瑰	我一定要幸福，因為我就想要	是
橙花	正視內心的選擇，尋獲簡單的幸福感	可突破
羅馬洋甘菊	挖掘出深藏的感受，溫和地化解，改變結局	否
馬鬱蘭	全然接受自己，不需要等待被認同，你說了算	是
香桃木	調整壓抑的情緒，挖出不舒服，綻放激情	是
麥蘆卡	擁有柔軟的表達能力，突破層層心理屏障	可突破
桉油醇迷迭香	解放框架中的自己，肆意灑脫，暢所欲言	是
艾草	打開想像力，更新現狀，逐夢踏實	是
月桂葉	點燃熱情，看準目標，勝利在握	是
昆士亞	勇敢的把自己扔出來，想好了就要做到	可突破
小花茉莉	保持魅力，迷人的領導者。解除過多的情緒及執著，發揮所長	是
乳香	內心溫柔有力量，宛如身披盔甲的女戰士，勇敢有原則	是
晚香玉	開啟任何的不可能，優雅地玩轉未來	是
檀香木	從容不迫且溫和，邊界感十足	否
胡荽籽	心靈導師。找出隱藏的答案	是

國家圖書館出版品預行編目(CIP)資料

精油摸香讀懂你的心. 2：用脈輪植物能量,解析潛意識最
深的渴望,指引跨越困境的解方/謝湘芝著. -- 初版. -- 新北
市：大樹林出版社, 2023.12
　面；　公分. -- (Change；13)
ISBN 978-626-97562-9-2(平裝)

1.CST: 占卜

292.96　　　　　　　　　　　　　　112015362

大樹林學院

www.gwclass.com

微信｜服務窗口

相關課程、商品訊息請

系列／Change13

精油摸香讀懂你的心2（附卡牌）

：用脈輪植物能量，解析潛意識最深的渴望，指引跨越困境的解方

作　　者／謝湘芝（Grace）
主　　編／彭文富
編　　輯／王偉婷
校　　對／12舟
排　　版／菩薩蠻數位文化有限公司
插　　圖／湘紜設計工作室（精油植物插圖）、
　　　　　黃先麗（P.23精油摸香圖）、
　　　　　123RF
封　　面／FE設計
出 版 者／大樹林出版社
地　　址／235新北市中和區中山路二段530號6樓之1
通訊地址／235新北市中和區中正路872號6樓之2
電　　話／(02)2222-7270 傳真／(02)2222-1270
網　　站／www.gwclass.com
E－mail／editor.gwclass@gmail.com
FB粉絲團／www.facebook.com/bigtreebook
總 經 銷／知遠文化事業有限公司
地　　址／222深坑區北深路三段155巷25號5樓
電　　話／(02)2664-8800 傳真／(02)2664-8801
初　　版／2023年12月

定價／780 元　港幣／260 元
ISBN／978-626-97562-9-2

台灣｜服務窗口

大樹林學院官網